哲学原理の転換

自紙論から
自然的アプリオリ論へ

加藤尚武

未來社

哲学原理の転換——白紙論から自然的アプリオリ論へ◎目次

装幀——岸顯樹郎

哲学原理の転換——白紙論から自然的アプリオリ論へ

序文　世界の現状と哲学の現状

二十世紀の後半になって、自然科学が新しい思想状況を生み出す条件を作り出したが、哲学は自分の置かれた条件をまた見据えていない。日本で書かれるほとんどの哲学論文は、英米型の経験論の立場に立った思想の紹介であるか、あるいはヨーロッパ型の観念論思想の紹介であるかのどちらかである。二十世紀の後半の脳科学の進展は、経験論が最終的な論拠としてきた「白紙論」（生まれ落ちたとき人間の心は白紙状態である）の間違いを確証した。それによって経験に先立つ知・アプリオリの知に再び光が当てられ、ヘーゲルの再評価が起こっている。しかし、同時に観念論が前提としてきた「身体から離存する知」の可能性も消滅したので、十七世紀以来の西洋哲学世界の対立の構図が一変する可能性が生まれている。しかし、この可能性は哲学そのものが消滅する可能性であるかもしれない。

哲学は、当面、生命倫理学、環境倫理学等々という応用倫理学で生き延びている。これらが哲学者のための失業対策事業であることはたしかなのだが、実際に世界が直面している課題の大きさを考えると、応用倫理学にこそ哲学本来の課題があるということができる。たとえば、二十世紀後半に起こった生命領域への技術の展開は、過去のいかなる文化のなかにも前例を見出すことができない。それは「近代とその超克」という時代の尺度をはるかに超えるスケールの問題である。そのような領域で行為の正当性という概念をどのようにして維持していくかという課題を、生命倫理学は引き受けている。

二十世紀にはさまざまな誤算があった。技術が機械工学的に発展するだろうという十九世紀の予測に反して、生命領域に技術の場が伸展していった。誤算が世界を動かしてもいた。東西冷戦の背景には、資本主義対社会主義の思想的対立があり、資本主義を擁護する立場は自由主義であり、その思想的対立は根の深いもので、社会主義の側からくずれてくることはあり得ないように思われていた。

私は、六〇年の安保闘争に参加する前からマルクス主義の崩壊はあり得ると思っていたが、いつかどこかでマルクス主義を裁く思想法廷が開かれて、私は「ヘーゲル哲学の有効性」について、証言させられると思っていた。だから、その日までにヘーゲルの「論理学」を解釈できるようにしておかなくてはならないと思っていた。それが知人であった樺美智子に伝える「私の生きる理由」だった。私は「ヘーゲルの弁証法は真理ですか」という質問に答える準備をしていたが、マルクスを裁く思想法廷は開かれなかった。

　彼女の亡くなった一九六〇年六月十五日のデモを組織し参加したという「罪状」で私は逮捕され、刑事裁判を受けた。その二年半の間、被告席で読むことの許された書籍は「六法全書」だけだったから、私はそれを手当たり次第に開いて読んでいた。それは、哲学の世界から法学の世界へと一時留学したのと同じような効果をあげた。まるで神様が私に「哲学の限界を打ち破るために法学の世界を視察してまいれ」と命令したようなものだった。

　哲学と法学の接点は生命倫理学だった。一方には生と死という哲学領域が、他方には脳死という科学技術の作り出した状態が存在していて、臓器の摘出が違法か否かという問題が登場していた。生命倫理に関して英米の哲学者の書いた論文の下敷きが、J・S・ミルの『自由論』（一八五九年）であることがわかったが、この機会に日本の社会にミルの自己決定権の思想を定着させることを私は志向した。

　自由主義から社会主義へという歴史の枠を作って、ミルを自由主義の思想家として位置づけることよりも、私たちの社会に自己決定権の正当性を定着させることが重要だと思った。「自由主義から社会主義へ」という歴史の枠組みにすでに信頼を置くことができなかった。

　歴史の枠をどのように作り直したらいいのか。「成長の限界」（一九七二年）というローマクラブ報告は、資本主義的な経済成長も、社会主義的な開発の展開も、資源と廃棄物による制約を免れないという指摘であるから、「成長の限界」を基にして歴史の枠組みを作り直さなくてはならない。『環境倫理学のすすめ』（丸善、一九九一年）を書いた意図は、歴史の枠組みの作り直しだった。

歴史の未来像に関して、いま、わかっていることは、資源と廃棄物の限界によって成長に限界があるということだけであって、予測可能なデータによって、資本主義社会の次の社会がどのように潜在的に育まれているかを示すことはできない。歴史の構造が見えないのではなくて、現在のなかに未来の萌芽がひそんでいるという意味での歴史の構造が存在しない。

ポスト・モダン、近代の超克、資本主義から共産主義へという歴史のモデルを使う人々は、十七世紀から十九世紀あたりまでの西欧社会に登場した制度や文化が根源的に否定されて、次の時代に移行するという型を手を変え品を変えて繰り出してくるが、そのような歴史の構造は存在しない。脱皮する生物の場合には、古い殻のなかに新しい形態が存在していて、あるとき殻を破って姿をあらわす。これと類比的な歴史的な経過は存在しない。

世界は消費生活の膨張に向かっている。中国とインドの一人あたりエネルギー消費量が日本、ドイツ、フランスと同程度になるだけで、世界のあらゆる資源は枯渇するだろう。地球という球体にヒトという大量の生き物が増殖して、あらゆる資源を使い果たし、廃棄物を排出し続けている。すべての人に分かち合うことが可能であるような生活水準と平和で犯罪の少ない医療の機会に恵まれた世界を作り出そうと思ったなら、ともかくやたらに経済成長だけを目標とすることをやめて、長期的な視点で見て合理的な資源配分・廃棄物処理をしなくてはならない。そういう成熟を遂げることが人類の課題なのだが、課題が深刻になればなるほど、その解決を担う勢力も成長してきて、社会的な勢力の逆転という形で、人類が問題を解決するという構造は存在しない。

世界は、あるなんらかのユートピアまたは悪夢のような逆ユートピアに向かって進んでいるのではない。最悪の事態を回避するノウハウをひとつひとつ実行していくことが、当面の可能性である。「核の冬」を回避する方策はなんとかとれたが、地球温暖化を防止する方策は失敗している。悲惨な人権侵害を防止する方策は、前進しているとはいえないだろう。こうしたさまざまな課題にたいして現実的な解決の可能性を追求することが、人類に残された理性的な生存の道である。「歴史における理性」というヘーゲルの標語は、革命の時代をもたらしたが、革命後の世界を担う理性的な主体の存続を保証していたわけではなかった。

状況の構造的な変化に対応する合意形成の仕組みはなにか。ヘーゲルのように体系という書物に理性を書き込むのではなく、変化に対応する合意形成という形で、理性を維持することが人類にとっての哲学的な課題である。

第1章　技術革新と倫理

二十世紀の後半に、「生命倫理学」、「環境倫理学」、「企業倫理学」、「情報倫理学」などの研究領域が作り出された。いまでは学会が組織され、大学の講義名として使われ、教科書や論文集などが作られている。これらは「応用倫理学」（Applied Ethics）と呼ばれる。まれに、「実用的倫理学」（Practical Ethics）と呼ばれることもある。

「応用倫理学」という表現に対して「いったいどういう原理を応用するのか、その原理を示すのが先ではないのか」という疑問がしばしば出される。「倫理学原理」とか「純粋倫理学」とか言われるものが哲学の本来的な課題であって、はじめから「非原理主義」、「非純粋主義」を掲げるのは哲学の本来のあり方ではなく、哲学精神そのものの腐食・堕落・崩壊の跡を示しているのではないのかという不信感を示す人もいる。その人はきっと「哲学精神とは、本来原理への追求の道であって、将来ビジネスマンになる学生に『ビジネス倫理学』（企業倫理学）を教えるのは、本来の哲学精神に反する」と言うだろう。

一　便宜的な用法であって、原理の応用にあらず

学問の名称に「応用」という言葉が使われる背景には微妙な配慮が働いている。知的水準が低くて本来学問とはいえないような知識にたいして、「学問以下」というレッテルを貼るかわりに「応用数学」などと言っておくという礼儀がある。光線の屈折の法則の研究は「光学」で行なわれるが、眼鏡や望遠鏡を作成する技術は「応用光学」で行なわれる。このような法則と適用という関係が、倫理学と応用倫理学の間に成り立っているのではない。

理学部では学問を教え、工学部ではその応用を教えるという棲み分けは、現代では通用しなくなっているが、考え方としては原理と応用という区別がさまざまな学問分野で使われている。

倫理学の場合、伝統的な意味での倫理学の原則が適用できるかどうかという議論をしないで、さまざまな「前例のない事例」に対処するために、いわば急場しのぎに人工的に作成された学問領域なので応用倫理学と呼ばれる。

たとえば、医学には死をもたらすことは許されないが、「殺人は医師の行なう場合には正当である」などという原理をつくれば社会的に混乱が起こる。

そこでつぎのような議論を組み立てる。

人工妊娠中絶が法律的に正当化されるべきである↓故に生存権には適用範囲の限定が存在すべきである↓生存権の適用範囲として利用できる既存の概念枠は「人格」である↓人格の特徴を限定する条件を指摘して、一定期間の胎児が人格の適用範囲外であることを示す。こういう筋書きで「人格論にもとづく人工妊娠中絶正当化論」が作成される。この筋書き自体は、哲学的に見て不正である。(加藤尚武「方法としての人格」、メディカルアート編『看護セレクト』二五、出版研、一九八九年、参照)

このような正当化の論述過程それ自体は、しかし、法律的生存権の根拠は何であるかという、より根元的な問題への糸口なのである。ここでは「当面の間に合わせのための口実」という表面的な議論と、法律では生命の尊厳をどのように理論化してきたのかという、従来の法律論よりももっと深い理論が共存している。伝統的なアカデミズムはそのような危険領域を避けるような態度をとる。

私が、二〇〇七年(二月)、北海道大学で開かれた「応用倫理」国際会議のシンポジウム「応用倫理教育の視点と展望」で「応用倫理学というジャーゴン(いかがわしい合い言葉)の方が刺激的なので、それを使う」と発言したら、通訳の眞嶋俊造氏は「刺激的」ということばをprovokingと訳してくださったが、適訳である。倫理学的研究を原理と応用という枠組みで捉えようとする姿勢を誇示し、原理の追求だけが純粋で真正であるというポーズをとることのなかに、倫理学アカデミズムの自己欺瞞が潜んでいる。それを暴くと同時に揶揄する、その揶揄が自分自身に降りかかってくることを引き受けるという複雑な陰影をこめて、私は「応用倫理学」（Applied Ethics）ということばを使う。

二　アリストテレス＝フレチェットのテーゼ

デカルトは、母屋というべき本格的な道徳律が確立されるまでのあいだ、「暫定的な道徳」という仮小屋が必要だと述べたが、現代の思想状況を見ていれば、永遠に「普請中」（森鷗外、一九一〇年）という状況になりつつある。

フィヒテにも家のたとえがある。一七九三年フィヒテのH・ステファニー宛書簡「学兄は『エーネジデムス』をお読みになりましたか？『エーネジデムス』は久しく私を混乱させました。ラインホルトは私の傍らで突き倒され、カントは疑わしいものとされ、私の全体系は土台・根拠から引っくり返されました。屋外では暮らせません！　だから、どうしようもありませんでした。もう一度、たてなおさなければならなかったのです、正直な話、いま私はそれをほぼ六週間やっているのです。私と一緒にその結実を喜んでください。私は新しい基礎を発見したのです、それから全哲学が非常に容易に展開されます。」（GA3-2-28 栗原隆「意識と無」科学研究費研究会報告、なお栗原隆『ドイツ観念論からヘーゲルへ』未來社、二〇一一年、第八章「意識と無」、参照）

『エーネジデムス』（一七九二年）というのは、当時、評判になったシュルツェ（G. E. Schulze, 1761-1833）の匿名の著作で、懐疑主義的な方法をカント主義とその影響下にあった思想家に投げつけている。このシュルツェの著作への批判から、フィヒテは自分独自の思想を形成していった。デカルトにおける懐疑と仮小屋と同様の関係が成り立っている。

倫理学は形而上学という永遠の土台の上に築かれるべきであるが、その土台を揺るがす懐疑主義に対しては、デカルトは仮小屋（暫定道徳）で対処、フィヒテは仮小屋なしの本建築を即座に作るつもりらしい。現代ではたえず土台を揺るがすものが発生し、たえず住む家を修復しなくてはならない。その土台を揺るがしているものは何であるか。

アリストテレスは次のように言う。「選択は願望でもない。選択は不可能な事柄にはかかわらないからである。願望は不死のような不可能な事柄にもかかわる。また願望は自分自身によってはけっしてなされえないような事柄に関係することもある。人がある役者や競技者の勝利を願う場合がそうである。しかし、そうしたことをだれも選択しない。人は自分自身によって達成できると考えられるものだけを選択する。願望は目的の方にかかわるが、選択は『目的のための手段』にかかわる。われわれは健康であることを望むが、われわれが選択するのは健康になるための手だてなのである。またわれわれは幸福であることを望み、そして『幸福であることを望む』と言うけれども、『幸福であることを選択する』という言い方は適切ではない。一般に、選択は『われわれの力の範囲内にあるもの』にかかわっていると思われる。したがって、選択は思いなしでもない。なぜなら、思いなしはあらゆるものに、すなわち、『われわれの力の範囲内にあるもの』ばかりか、永遠的なもの、不可能なものにまでかかわるからである。」（『ニコマコス倫理学』第三巻二章、朴一功訳、京都大学学術出版会、二〇〇二年、一〇〇頁）

要するに、選択と願望は違うということである。ひとことアリストテレスに付け加えるなら、責任は選択にかかわるが、願望にはかかわらない。

フレチェット女史（Kristin S. Shrader-Frechette 環境倫理学者）は、さまざまな著作のなかで、技術による行為の可能性の拡張が、新しい倫理的枠組みを必要とすると述べている。

普通の人間であれば、自分のこれから行なう行為に関して、あらかじめ違法か違法でないか、不正か不正でないか、許容されるか許容されないかの判断が可能である。

また、技術的・物理的に「できるか」、「できないか」について、おおよそのことはわかっている。溝を飛び越えることができるか。川を泳ぎ渡れるか。自動車の運転や楽器の演奏ができるか。自分に可能な行為の選択肢はおおむね予見可能である。

しかし、前例のない行為の場合には、技術的・物理的に個人に可能であると考えられる場合でも、違法か違法でないかは未決定である。

一、脳が機能停止して、心臓が機械の補助によって機能している状態（脳死状態）のヒトを、死者として扱ってよいか。

二、自分の卵子ではなくて、他人の受精卵で子どもを産む人（代理母）は、その子の母であるか、等々。

技術開発によって、人間にとって可能な範囲が拡張すれば、そこに倫理的な空白がつくられる。それが既成の倫理的・法的・社会的な判断の枠組みを揺るがす。

三　さまざまな倫理学

モンテスキューは次のように述べている。

民主政の国々においては、確かに人民が望むことを行なっているようにみえる。しかし、政治的自由とは人が望むことを行なうことではない。国家、すなわち、法律が存在する社会においては、自由とは人が望むべきことをなしうること、そして、望むべきでないことをなすべく強制されないことにのみ存しうる。独立とはなんであるか、そして、自由とはなんであるかを心にとめておかねばならない。自由とは法律の許すすべてをなす権利である。そして、ある公民が法律の禁ずることをなしうるとすれば、他の公民も同じようにこの権能をもつであろうから、彼にはもはや自由はないであろう。（野田良之他訳『法の精神』岩波文庫、一九八九年、上巻二八九頁）

自由とは法律の許すすべてをなす権利である。それならば法律を守りさえすれば、人間の行為は道徳的であるか。

法律は、悪法でなくても、道徳的な悪ではないものも禁止の対象にすることがある。たとえば、「歩行者は道路の左側を歩かねばならない」、「酒税法の禁止する酒を造ってはならない」。法律は、悪法でなくても、道徳的な悪の一部を許容している。たとえば、「財産目当てで結婚する」、「株主への配当を増やすために、会社の従業員を解雇する」等々。「法律を守りさえすれば、人間の行為は道徳的である」と言いうるように法律を定めれば、法律は、非常に細かく個人の行為を規制しなくてはならなくなる。

「法律を守りさえすれば、人間の行為は道徳的である」と言いうるように法律は作られてはいない。個人の場合には、人間の行為を道徳的な方向に導く徳性が人格にある程度は内蔵されているが、法人の場合には、そのような徳性はまったく内蔵されていない。法人を構成する個人の徳性に依存して、法人の行動は道徳的になる可能性をもっている。しかし、個人の人格に内蔵されている徳性は、状況ごとの正しい判断を導くには、不十分である。

医療技術の領域で生命倫理学（Bioethics）が必要になった理由のなかで重要なのは、絶対的延命主義という行為基準に大きな空白ができてきたためである。延命よりも苦痛の緩和を望む癌患者、出産を望まない妊産婦、治療して生存を続けることで持続的苦痛からのがれられない新生児、人格的な機能の停止後にも生命維持装置によって心肺機能を維持している脳死者という事例が、絶対的延命主義の妥当範囲の厳密な規定を要求するようになった。法律上これまで曖昧に規定しておいた問題を、厳密に規定しなくてはならなくなった。

同様の技術による行為の拡大、倫理的空白の発生という状況は、環境問題、情報技術、企業行動などの領域で発生している。

環境破壊の原因のなかには、植物の盗掘のように従来の法律の枠のなかで犯罪として扱われるものも多いが、個人や個別企業の合法的な廃棄物の累積が、地球に不可逆の気候変動をもたらすという場合には、法体系全体の見直しに結びつくような倫理領域の開発が必要になる。千年間以上持続する有害廃棄物（核廃棄物）の処理について、未来世代の同意という必要条件は空白のままにされてしまう。生物種の絶滅についても、従来の法律と政治が守ってきた「利害関係者の同意」という必要条件について、根本的な見直しが必要になる。

情報技術の開発が、それまで個人の力では不可能であった情報発信の可能性を生み出す。一人の個人が全世界の人に嘘の情報、プライバシーの侵害をもたらす情報、エロチックな情報などを伝えることが可能になる。情報によって受ける被害を予防するには、従来の「悪質な情報は自然淘汰を経て良質な情報によって駆逐される。ゆえに情報をより広く公開すれば、社会に流布する情報の質は改善される、逆に情報の制限は、社会に流布する情報の質を悪くする」という古典的な自由主義原則ではカバーしきれない領域が発生している。

また情報のコピイを私的に使用する場合には「公正使用」（fair use）の範囲が緩やかに決められているが、コピイ技術の発達によって、私的に大量にコピイを作成することが可能になると、コピイによる著作権侵害は、その規模を限りなく広げていく。情報倫理学（Information Ethics）の背景になる情報技術の進展は、他の領域とくらべて急速であり、情報技術を用いた犯罪の規模は拡大し続けている。

この情報技術が企業行動に取り入れられると、企業の規模が拡大し、所有と経営の分離、外部経済の内部化が生じ、企業そのものが商品として売買されるというような企業をめぐる社会的な変化が発生し、企業倫理学（Business Ethics）の必要を生み出している。

メディア倫理学 Media Ethics、コンピュータ倫理学 Computer Ethics、工業倫理学もしくは技術倫理学 Engineering Ethics、戦争倫理学 Ethics of Wars、職業倫理学 Professional Ethics、遺伝子倫理学 Genethics というような領域名がある。しかし、このどの領域にも含まれていない応用倫理学の主題もある。たとえば、フェミニズム、市民的不服従、人種差別、アファーマティブアクション、憎悪犯罪 Hate Crimes、世界的飢餓、グローバリゼイション、原住民の土地所有権などなど。

ヤスパースが『歴史の起源と目標』（一九四九年）で、「枢軸時代」という枠組みを設定して、中国、インド、ギリシアなどで、ほぼ同時期に「人類の精神的な目覚め」があったと述べたことは多くの人々の賛同を得ている。ブッダ、ソクラテス、孔子がだいたい紀元前五世紀に生きていたということも、「枢軸時代」という枠組みが有効であるように思われる理由である。

中国、朝鮮、日本、ヴェトナムでは、孔子の圧倒的な影響が続いていて、やっと二十世紀になって近代思想が登場したと言ってもいい。西洋では、ソクラテス＝プラトン（紀元前五―四世紀）、イエス・キリスト（一世紀）、近代思想（十七―十八世紀）というような段階が認められるが、「哲学史はプラトンの注釈にすぎない」というホワイトヘッドの言葉のように、プラトンの圧倒的影響下にあったということもできる。

知識人が古典を共有することによって、社会秩序の維持に貢献するという古典主義の時代は、洋の東西を問わず、十九世紀には終わっている。知識人＝万能人の時代が終わって、知識人＝専門家の時代がくる。「枢軸時代」の大きな影響力がそこでほとんど終わった。代わって民主主義的な合意形成によって立法が行なわれるというタテマエになったが、二十世紀の後半になると、生命の技術化というような技術革新にともなう文化の根底的な変化が発生して、合意形成のシステムを見直す必要が見えてくる。

四　生命の技術化

生命とは二十世紀の末まで、一、部分化できない全体的なもの、二、人為的に操作できない自然的なもの、三、再生再現できない一回的なものと見なされてきた。ドイツのロマン派の芸術や思想の背後にはそういう生命観が大きく働いていた。ゲーテが「わらべは見たり野中の薔薇」と唄ったとき、彼はその薔薇が生命体であって、不可分、非人為的、一回的であるという生命の哲学をある程度まで意識していただろう。しかし、現代の科学技術によって、一、部分として生命を維持し、

二、人為的に組み替え可能、操作可能で、三、再生再現可能という生命像が浮かび上がってきた。人間の臓器、卵子、精子、子宮の利用など、生命の技術の発展は、従来、商品化できなかった生命のあり方を、譲渡可能な形態に変える。そこから、生命の商品化の可能性が広がっていく。

二十世紀後半になると技術そのものが狭い意味での自然の法則を破棄するようになってきている。①核エネルギーの開発、②遺伝子操作、③臓器移植医療での免疫抑制剤の使用、④温暖化によるガイアの自己調整機能の破壊は、自然界のまったく別々のレベルで本来の自然が自己同一性を維持する機能を破壊することで成り立つ技術である。素朴な言い方をすれば神様が「人間よ、この限界を守れば、自然界のバランスそのものは私が保障する」と述べていた限界、すなわち①原子の自己同一性、②遺伝子の自己同一性、③生物個体の自己同一性、④地球生態系の自己同一性を形づくる生命体としての熱平衡維持機能を破壊している。

このことは「自然に従え」という素朴な自然主義の主張が成立しないことを告げている。「自然は服従されることによって征服される」というベーコンの言葉は、裏をかえせば人間がどんなに自然を征服してもそれは神の創造した自然とその法則への服従にすぎないという意味にもなる。現代技術は自然支配のベーコン的な限界を打ち破った。どんなに自然を支配したつもりになっても、人間は自然に支配されているといえるような自然に内在する理法（同一性の維持システム）を、技術は破壊し始めている。

核技術は原子の同一性を破壊し、遺伝子操作は遺伝子の同一性を破壊し、地球温暖化は地球の熱平衡システム（ガイア）の同一性を破壊し、臓器移植は個体の細胞レベルでの同一性を破壊する。自然に内蔵された自己同一性の回復システムを破壊することで現代技術は成り立っている。

自然に反することをすると「天罰てきめん」という仕組みが成り立つためには、すくなくとも次の二つの条件が必要である。ひとつは加害者に被害が跳ね返るという同時性である。しかし、実際には加害者とはまったく関係のない被害者が発生する。足尾銅山の汚染水は渡良瀬川の下流の農民に被害を与えた。原子力発電所から出る核廃棄物は、千年後の人に被害を与える可能性をもっている。加害者と被害者が一つの緊密な共同体に所属するのでないと「天罰てきめん」という仕組みははたらかない。

もう一つの条件は、加害と被害の因果関係がよくわかるということである。もっともわかりやすい例は「天につばする」という言葉で示されている。しかし、自動車を走らせると地球が温暖化するという因果関係は、「天につばする」のように自明ではない。自然的なシステムがかならずサンクションの機能を発揮するとはいえない。われわれは「天罰てきめん」という仕組みが働くことを待っていないで、「あるべき自然」を自らの人工的な政策で維持しなければならない。

古い生命観から新しい生命観への転換、自然の同一性に依存する技術から、自然の同一性を破壊する技術への転換は、ソクラテス以前からの生命観の転換を意味している。この変化は、人類始まって以来の人間と自然の関係の変化であって、この二十世紀の後半に起こった文化の転換は、古代における精神の目覚め、キリスト教の成立、近代精神の登場というような文化の歴史の刻み目よりも規模が大きくて、その刻み目が深い。

五　もはや歴史のない自然はない

自然のなかに歴史的なものがあるという考え方は、十九世紀では進化論が代表していた。ところが進化論では元素は永遠に変わることのない離合集散を繰り返しているが、生物の種はアリストテレスが考えたような「永久不変の種」ではなくて、変化するという理論だったのだから、自然の歴史性は部分的であり、元素そのものは永遠だった。

ビッグバン理論では、元素が存在しない状態が元素が存在する状態に変わる。無からの創造ではないが、質料そのものの変化を含んでいる。自然哲学の目でビッグバン理論を観察すれば、これは世界の自然哲学史のなかの新顔である。宇宙そのものが、「バーン」という爆発で始まった歴史なのである。

人間が自然に対して抱いていた思いは、次のように表現される。

年々歳々　花　相似たり、歳々年々　人　同じからず

自然は永遠に同じ状態を反復し、人事には同じことが二度めぐってくることはない。自然は永遠であり、精神は歴史的である。自然は反復し、精神は発展する。——これが自然と歴史に関するもっとも基本的な観点だった。しかし、いまは違う。宇宙が歴史的であり、地球が歴史的であり、地球のなかの生命が歴史的なのである。

生態系の歴史、森林の歴史、人口の歴史、化石エネルギーの歴史、鉱山の歴史などなど、われわれはさまざまな時間尺度から成り立つ複合体のなかのどこかにいる。土木技術の歴史のなかでは安全率が安定している完成期にいるかもしれないが、医療技術の歴史では、感染病期から成人病期に到達して遺伝病期のはじまりの時期にいる。欧米では政治倫理の青年期にあるかもしれないが、日本を含めてアジアでは政治の倫理性は幼少期にある。

先端技術に関連する問題では、過去の倫理学説のどこにも類例がないことが多い。たとえば「代理母」「サイボーグ人間」「クローン人間」などの倫理問題の解答は、伝統的な宗教の教義、伝統的な倫理学のテキストのどこを探しても類例がない。臓器移植、遺伝子治療、遺伝子操作のような新

しい技術に関しても同様である。わかっていることは過去の言説や伝統にいくら問いかけても、答えがあるはずがないということである。だから、価値観については長い時代のふるいにかけられて生き残ったものがすぐれているという「伝統主義」(traditionalism)、「解釈学」(Hermeneutik 古典の解釈の方法論)の有効性が成り立たない。

わたしたち人類は、その文化のなかに二十世紀の後半に起こった断絶を埋める作業を積み重ねていかなくてはならない。それはこれから何年続くかはわからない概念の組み替えの作業になる。古今東西の概念枠を丁寧に比較し、そのまま使えなくても参照用に残すべきものを選りすぐって、新規の概念枠と組み合わせ直していく。その作業は仮に百年続くと考えておいてもいい。

しかし、行為の違法性の判断は「待ったなし」である。脳死者からの臓器の摘出は、違法か違法でないか。人工妊娠中絶は違法か違法でないか。それはわれわれが、罪刑法定主義にもとづく法の支配という文化を維持しているからである。

死の判定基準という精神文化的に考えて非常に奥行きが深い問題、また死を受け止めようとする個人の実存的な対処にともなう「語り得ない」悲しみや、他者との共有を拒む陰影に富んだ「思い」というものの重さを無視できない問題に、法という国家の介入を許すということ自体が不遜・傲岸・無神経のそしりを免れないと訴える人々もいる。

しかし、われわれが「すべての法律は否定すべきである」というようなラディカルなアナーキズムの立場をとらない限り、違法か否かの判断は避けられない。その違法性の判断は、個人の情緒的な受け止め方とは別の次元に成り立つものであって、違法性の判断そのものを「国家の干渉であるから暴力的で人間の尊厳を否定する」と主張する人々は、ラディカルなアナーキズムのすべての帰結を引き受けなくてはならない。つまり、目の前で殺人や窃盗が行なわれても、一一〇番に電話をするというような違法性を根拠とする対処ができなくなるという帰結である。

それでは違法性の一般的な根拠は、どのように考えられるか。

第2章　違法性の根拠と自由主義

どのような行為を違法と見なすかということの、一般的な原則は「他者危害原則」（harm-to-others-principle）である。J・S・ミルが『自由論』（一八五九年）で述べた「文明社会の成員に対し、彼の意志に反して、正当に権力を行使し得る唯一の目的は、他人に対する危害の防止である」（That the only purpose for which power can be rightfully exercised over any member of a civilized community, against his will, is to prevent harm to others.）という文章が、そのまま現代の法哲学の基礎的な原理として承認されている。

一　キケローの他者危害原則

他者危害原則は、いまではすっかりＪ・Ｓ・ミルの名前と結びつけられて考えられているが、その原型を作ったのは、ローマ時代のキケローである。人名辞典などで「キケロー」を引けば、必ず「雄弁家」（orator）という呼称がでてくる。雄弁家として彼は文体を確立したことで知れるが、それは彼の文章のいわば音楽的な特質であって、文体の確立は作曲法の確立と良く似ていると思う。肉声で良く通る声をもっていなければ雄弁家とは言われないだろう。プルタークによれば、若いときに病弱だったキケローが体力をつけて雄弁家になったというから、そこにこそキケローの本領があったのだと思う。文字の文章とは別の意味で声の文章がジャンルとして成立していたという条件のなかでしか、キケローという人の作品は考えられない。というのは声で語る文章には時間の限度があって、語る相手もほとんど特定されていて、議会や法廷での弁論は、それについての賛否がただちに問われるものであるので、永遠の真理についての、さしあたりの一歩というような悠長な性格のものではない。要するに政治的な文章である。

「雄弁家」という職業があったわけではないだろう。政治家や法律家でその雄弁が名声を博していた人という意味だろう。しかし雄弁家というのが彼の第一の呼称なのだから、法律家としての職業の社会的な位置づけ以上に高い評価が「雄弁家キケロー」に下されていた。彼は哲学者として哲学を語ったわけではない。これが肝心の点である。彼は懐疑主義の哲学に賛同の意を表明している。快楽主義にもその妥当性を認めている。しかし、伝家の宝刀と言わんばかりに、いざとなるとストア主義を持ち出してくる。つまり彼は哲学の製造元ではなくて、哲学の卸業者で消費者に哲学をコーディネイトして手渡しするのが彼の仕事なのだ。

製造元であるならば、懐疑主義か快楽主義か禁欲主義かどちらかにしなくてはならない。卸業者はそれぞれの品物の品質を見きわめて、時所位に合わせて、適切なコーディネイションをする。キケローの著作が、キリスト教文化をまたぐ形で、多くの人々にながく読み継がれてきた理由も、そうしたコーディネイションの旨さによると思う。

倫理学説史の視点でみると、しかし、キケローの『義務について』は特筆すべき独創性で光っている。それは第一に他者危害の理論であり、第二に完全義務と不完全義務の理論である。違法性の一般的な根拠として、「他者危害」という概念を、西欧の法文化に大きな影響をのこしたキケローが、それを書き記したということが重要である。「他人のものを奪い、或いは他人の損害においてみずからの利益を増すことは自然に反する」（泉井久之助訳、岩波文庫、一九六一年、一五一頁）というのである。キケローは法律による規制が必要な一般的な根拠として、自然法的な発想法の延長上にこの言葉を述べたのだが、他者危害の防止が法的な規制の唯一の根拠であって、その原則に逸脱する法律は認められないという自由主義の原理に組み込まれることで、他者危害原則は現代の法哲学のもっとも根本的な原理に変貌した。

二　トマスの他者危害論

『神学大全』に「人定法は多くの人間（大衆）に対して措定されるのであり、その大衆の大部分は徳において完全でない人々である。だから、人定法において禁止されるのは、徳のある人々が控えているようなあらゆる悪徳なのではなく、大部分の大衆が控えることの可能なより重大な悪徳だけなのである。とりわけ、他者を害することに向けられた悪徳で、それを禁止しなければ人間社会が保持されえないような悪徳はそうである。たとえば、人定法において殺人や強盗などが禁止されているようにである。」（川添信介訳、第二部の二、第九六問第二項の主文の末尾）

トマスは「すべての悪を抑止することは人定法に属するか」（同前、第二部の一、第九六問第二項）という問いに回答することによって、道徳と法律との一致と不一致という現代の刑法理論の先駆となるような理論を提示している。

まず徳法一致主義の主張が提示される。それを要約すると「人定法は自然法に由来する。すべての悪徳は自然法に反する。あらゆる悪が法に対するおそれによって抑止されなければ、無法な行為は十分に抑制されない。何人もすべての悪徳から抑止されなければ、有徳であることはできない。それゆえ、人定法はすべての悪を抑止しなければならない」となる。

これに対する反論として、トマスはアウグスティヌスの『自由意志論』を引用する。「国家の統治のために設けられる法は、神の摂理によって罰せられる多くの行為を許容して、罰せずにおく。しかし、その法は、すべてのことをなすものではないからといって、それがなすところのことまでもとがめられるべきではない。」（一―五）ここには「神の禁ずることのすべてを人定法はカバーしきれない、それは人定法が不完全であるからだ」という論理と、「神の禁ずることのすべてを人定法で禁止してはならない」という論理とが重なり合っている。

トマス自身の主張は、次のように整理することができる。

一、ある行為をなす力や能力は、内的な能力態ないし性向からおこる。

二、有徳なものにとって可能なことが徳の能力態をもたないものにとっては可能ではない。

三、同一のことが子どもと成人にとって可能ではない。

四、有徳な人びとに許容されるべきでない多くのことも、その徳性の不完全な人びとには許容されるべきである。

トマスは有徳な人には厳しい規則が、普通の人にはもっとゆるやかな規則がふさわしいという考え方を述べている。実は（きびしい）完全義務と（ゆるやかな）不完全義務という区別にかんするキケローの立場とほとんど同じである。しかしトマスは、人定法は不完全であるからとか、徳の能力をもたない人がいるから徳の教育は強制的ではなくて段階的に行なうべきであるとか述べているので、徳と法の分離の根拠が聖と俗の分離に還元されるわけではない。トマスの実際的な配慮を感じさせる点である。

トマスは他者危害と人定法との関係をつぎように述べている。「無法な行為は他人に危害を加えることにかかわる。したがって、それは、隣人が害せられる罪にとくにかかわるものであって、上に述べたように、人定法によって禁ぜられている。」(同前)

この引用文に関連して金沢文雄氏は「刑法とモラル」でこう述べている。「検討されるべき問題は、立法者は倫理的禁止をどの程度考慮すべきかという問題である。それは『当罰性』の基準は何であるかという問題と関連している。この問題についてはすでに古く、トマス・アクィナスが『神学大全』のなかで、すべての悪徳を禁止することが実定法の任務であるかという問いに次のように答えていることが想起される。すなわち、禁止されるのは、①より重大な悪徳のみで、②一般人が抑制することのできるものであり、③かつ主として他人に害を加える行為であって、④禁止しなければ人間社会が維持できないようなもの、にかぎるというのである。これは現代にも適用できる当罰性の基準といえよう。すなわち、イェリネックが『法は倫理的最少限』といったように、刑法はより悪質な行為のみを対象としなければならない。しかも、悪質な行為でも一般人がこれを抑制できないようなもの、つまり取り締ることが実際上困難であり処罰の有効性を期しえないようなものは除かねばならない。刑法は他人の法益を侵害する行為を主たる対象とし、社会生活を維持するために必要不可欠の限度にとどまらねばならないということである。これは刑法の『補充性の原則』に含まれているところの『謙抑主義』の要請を明示したものといえよう。」（石原一彦他編『現代刑罰法体系　第一巻』日本評論社、一九八四年、一一五頁）

金沢氏の論述は、トマスから現代の「謙抑主義」にまで一挙に連結してしまっているが、もちろん、その中間には、ロックもいればミルもいる。

三　ロックの他者危害論

ロックの「統治論」のテキストが、キケローの読解を前提していることはほぼ確かだと思われるが、彼のいう「他者危害」が直接にキケローに由来するのかどうかは、わからない。ともあれロックにとっても「他者危害」は根本的な概念である。

自然状態にはそれを支配する自然法があって、すべての人はそれに拘束される。そして理性こそその法なのだが、すべての人は理性に尋ねてみさえすれば、すべて平等で独立しているのだから、誰も他の人の生命、健康、自由、あるいは所有物を侵害すべきでないということがわかるのである。……人はすべて自分自身を保存すべきであり、勝手にその地位を捨ててはならないのだが、同じ理由によって、自分自身の保存が脅やかされないかぎり、できるだけ人類の他の人々をも保存すべきであり、犯罪者を罰する場合を除いて、他の人の生命や、生命の保存に役立つもの、すなわち、自由、健康、四肢、あるいは財産を、奪ったり侵害したりしてはならないのである。……すべての人が他の人の権利を侵害したり、相互に危害を加えたりすることのないように、そして、平和と全人類の保存とを欲する自然法が守られるように、自然状態においては、自然法の執行は各人の手に委ねられ、この法を侵す者を、その侵害を抑制する程度に処罰する権利を各人が持っているのである。……このようにして自然状態においては、一人の人が他の人に対して権力を持つようになるが、しかし、それは決して犯罪者を捕らえてこれを激情のままにあるいはまったく勝手気ままに処分してよいという絶対的で恣意的な権力ではなく、ただ冷静な理性と良心の命ずるかぎりで、その罪に相当する程度に罪を償いかつ抑制するのに役立つぐらいに、犯罪者に報復するための権力である。賠償と抑制というこの二つのことだけが、他の人に対して合法的に危害を加えること、つまり刑罰と言われうるものの根拠な

のである。（伊藤宏之訳『全訳　統治論』柏書房、一九九七年、一六二―一六三頁）

この引用文を要約すれば、こうなる。

一、人はすべて自分自身を保存すべきである。

二、誰も平等で独立だから、自分自身の保存が脅やかされないかぎり、犯罪者を罰する場合を除いて、他の人の生命や、自由、健康、四肢、あるいは財産を、奪ったり侵害したりしてはならない。

三、賠償と抑制だけが、刑罰の根拠である。

この要約のなかから、自己保存の義務に関連する部分を除去すると、次のような文意がえられる。「他の人の生命や、自由、健康、四肢、あるいは財産を、奪ったり侵害したりしてはならない。他者危害への賠償と他者危害の抑制だけが、刑罰の根拠である。」

つまり文意としては、他者危害という概念が刑罰を正当化する唯一の根拠であるという立場が、ロックのテキストに含まれている。キケローの精神が、そこに継承されていることがわかる。

キケローは一般市民の生活を守るという課題を引き受けたときに、エピクロス主義の正しさを正確に受けとめている。しかし、一人の賢者として、あるいは最高位の権力をもつ政治家として決断するときにはストアの賢人の理想に自分を同化させている。そして神について問われれば懐疑主義的に答えることが最善だと判断する。処世における見事な哲学の利用法をキケローはわれわれに示している。

キケローの影響は直接的である。カントもキケローを読み、ミルも読んでいる。キケローをトマスが読み、トマスをグロチウスが読み、グロチウスをロックが読み、ロックをカントが読み、カントをミルが読み、ミルをファインバーグが読んで現代の他者危害理論ができたのではない。トマスも、グロチウスも、ロックも、カントも、ミルも直接にキケローを読んで、他者危害原則ができた。ミルまでは古典主義の文化が持続している。

四　古典的自由主義の限界が露呈

しかし、ミルは重要な転換点であった。違法性の根拠として、他者危害を原則とするという姿勢から、公共機関が個人の行為に加える規制の正当化根拠は、他者危害原則のみであるという立場を導き出した。それが自由主義である。

自由主義とは「自己決定権に制限を加えることができるのは他者危害原理のみである」という立

場である。したがって、医療行為を法律で禁止できる場合は「医療行為が患者などに危険をもたらす可能性がある場合に限る」という考え方が有力である。こうすることによって、法的拘束の範囲が小さくなり、自由な裁量の範囲がひろがる。

自由主義の倫理を要約すると次のようになる。①（valid consent）成人で判断能力のある者は、②身体と生命の質を含む「自己のもの」について、③（harm-principle）他人に危害を加えない限り、④（the right to do what is wrong 愚行権）たとえ当人にとって理性的にみて不合理な結果になろうとも、⑤（autonomy）自己決定の権利をもち、自己決定に必要な情報の告知を受ける権利がある。

たとえばアメリカの多くの州では代理母についてなんの制限も設けていないが、それは「本来制限すべき領域ではない」という自由主義の原則が重視されているためである。行政や政府は、個人の幸福追求権を制限してはならないという考え方である。

その自由主義には、難問がつきまとう。

一、パターナリズム（paternalism）——個人の意志を否定する方が個人の利益になる場合、親心的な一方的措置（paternalism）はどの限度まで許されるか。相手が、未成年者であれば、親が一方的措置をとる。医師が患者に対して、親心的な一方的措置を取る方が、好ましい場合は非常に多い。

二、代理決定（proxy consent）――本人の代理で決定することは「宗教上の理由で輸血拒否」のような愚行権の行使も許されるか。

三、対応能力（competensy）――対話し応答する対応能力（インフォームド・コンセントの可能な限界）をどのようにして評価するか。

こうした自由主義にはかならずついてまわる難問を掘り下げてみると、そもそも自己決定権とは何かという問題につきあたる。自分のものを他人の迷惑にならないならどう決めてもいいのか。たとえば個人には自殺権があるのか。自己決定それ自体は社会的な合意に依存するか。自己決定権の範囲もまた自己決定するのか。

自己決定とは、本来は自分の所有物に対する随意処分権であった。ところが「自分のもの」が、本来他人に譲渡可能な物であれば、随意処分権の範囲と一致しやすいが、自己の身体、生命などを含むようになると、自己決定権＝随意処分権という等式は必ずしも成り立たない。バイオエシックスでは、安楽死、臓器提供、宗教上の理由にもとづく治療拒否、人工妊娠中絶が、自己決定権によって正当化されることが多いが、このなかには随意処分権の不当な拡大も含まれているだろう。

生命への操作技術が次々に開発されていくと、「自己決定＝社会的な合意形成の省略」という便利さが、だんだん消えていく。他者危害原則を唯一の規制原理とする自己決定論では、クローン人間、enhancement（増進的介入・治療目的でない人体強化のための医学利用）、代理母、男女の生み分け、精子売買、卵子売買、臓器売買、二人の同性愛者の遺伝子をもつ実子出産、優生主義的な選択的人工妊娠中絶、優生主義的な遺伝子操作は規制できない。したがって、古典的自由主義は日本に定着すると同時にそれを無効化する問題に直面せざるをえなかった。

五　決定方式論と少数者問題

臓器移植、生殖補助医療や遺伝子治療では、「少数者の利害について多数者に決定権があるか」という少数者問題が構造的に導入されてくる。世界じゅうで三〇人しか患者のいない遺伝病の治療に巨額の研究費を投下すべきかどうかを多数決制で決定すれば、おそらく否決され、少数者はつねに医学の恩恵から排除されることになる。もしも、すべての病気の遺伝的な素因が明らかになって、だれでも「自分がかかるはずのない病気の名」を知っているとしよう。発症前の診断・予見型の診断が医療の中心部分に入ってくることによって、医療に関する国民全体の共通の利害がなくなって、特殊な利益のばらばらな集合が医療の対象になって、一部の人々の利害だけが浮かび上がる。そのとき多数決制度が、マイナスの機能を果たす可能性は十分にある。たとえば生殖補助医療を必要とする夫婦は、一〇組に一組と言われている。生殖補助医療全面禁止法案が可決される素地がつねにある。

そこで最善の専門家を集めて会議を開けば、きっと対立した意見が集約不可能になるだろう。しかし、違法性の決定は、待ったなしで下さなくてはならない。危険の程度で決めようとしても、たとえば間接喫煙の危険度がどの程度まで実証されたならタバコの発売禁止という法的な措置をとってよいかという問題になると決定ができなくなる。因果関係と危険の程度の完全な予測は可能になるのがつねに遅すぎる。

単純多数決の民主主義的な合意形成が有効となるような条件は限られている。伝統は沈黙。こういう状況がほとんどつねに発生している。

生命倫理学に例をとると、倫理問題そのものが三つの様相に分かれてきている。

一、他者危害原則を中心とする古典的自由主義の倫理、安楽死、緩和医療、人工妊娠中絶、インフォームドコンセント、輸血拒否では、多くの解決は「自己決定」である。そこで、個人にどの程度まで自己決定をゆるしてよいかという問題になってくる。ポルノは密室で見るならいいという自由主義が、代表的な解決である。

二、すでに許容されている措置を拡張適用できるか。社会的な許容基準にかかわる倫理問題として、脳死、遺伝子治療、生殖補助医療、性同一性障害者の「性転換」手術、enhancement（治療目的でない人体強化のための医学利用）、ドーピング、優生主義（出生前診断にもとづく選択的人工妊娠中絶、DNA診断、胎児治療、遺伝子検査）、生物特許、人体売買などがある。これらの問題は、そもそも社会が許容するのかどうかが問題になる。

三、クローン人間、サイボーグの製造など、そもそも社会的に許容できるかというタイプの問題もある。研究開発の行為そのものの許容基準を定めるという問題となる。たとえば筋萎縮性側索硬化症（ALS）の患者は、自分の意志を他人に伝えることがだんだん困難になってくる。そこで脳の中の「意志」を読み取る装置を開発して、患者とのコミュニケーションを保つという研究開発が進められている。しかし、この装置を悪意の権力者が用いた場合には、恐ろしいSF的世界が現出することになるだろう。利害関係の共有がまったくない、少数者の救済のための技術開発であるが、違法性の決定のための合意形成は要求される。

「充分な条件のもとで民主主義的に多数決で決定すれば、いかなる行為に関しても違法性の決定が合理的になされる」というテーゼは、証明することはできない。

いま、われわれにできることは、たとえば「安楽死の制度の実用的な基準」を作って、その基準を手直ししながら、運用していくというようなことである。その点検の仕方には、医学、宗教学、法律学など、複数の専門家の意見が寄せられ、集約されていくことだろう。実際にそのような討論を行なってみれば、たとえば「意志決定」についての脳生理学的な理解と法律学との理解とが、実質的にかなり異なっているというようなことが起こる。刑法学者の理解している「故意」と、民法学者の理解している「同意」が、どのような関係になっているかを説明することが非常に困難であるという事態が起こる。

「異なる領域のすぐれた専門家の意見を集約すれば、ある事柄についての最善の判断を導き出すことができる」というテーゼも、証明することはできない。

「多数決による民主主義的な合意形成が、合理的な帰結に達するための必要条件は、専門家集団の意見集約が、十分に理解できる適切な選択肢を示していることである」というテーゼは、素人の多数決と専門家の意見とを結合する方式を想定している。このテーゼにはまだ希望がある。

複数の専門家集団の意見の集約について、人類はどのような実績を積み上げてきたのだろう。哲学という知の周辺に、さまざまな専門知が取り巻いているという図を思い描いてみよう。地図を描けば、さまざまな知の国家群があって、それぞれに国境を接した哲学という国があるという図になる。

第3章　哲学の国と周辺の国々

各種の専門家があつまる委員会で、法律家の意見を聞いていると、その人は「他者危害原則」をまったく知らないと思うことがある。たとえば「クローン人間は、人格の個体性を否認する行為であるから禁止できる」という主張をする。またたとえば「代理出産をするよりは養子を迎える方がいいから、代理出産は禁止すべきだ」と発言する。発言者は「自分が良くないと判断することは、法律で禁止してよい」と思い込んでいるようだ。もちろん法律家である以上、大学の授業で「他者危害原則」を教わってはいるが、それが「法律で禁止することの制限」という意味をもつことはすっかり忘れられている。立法者の立場に立つことは、特別な理由のない限り「他者危害原則」を尊重するということだという認識が、確立されていない。

およそ知識人であれば、誰もがキケローを読んでいるという文化のなかでは、そういうことは起こらない。知識人＝万能人という知識人像と、知識人＝専門家という知識人像とがあるが、現代では知識人＝専門家という知識人像が定着している。

歴史的に見ると、フランスで百科全書が編纂された時代（一七五一―一七八〇年）が、おおまかな分水嶺だったのではないかと思う。「技術と学問のあらゆる領域にわたって参照されうるような、そしてただ自分自身のためにのみ自学する人々を啓蒙すると同時に、他人の教育のために働く勇気を感じている人々を手引きするのにも役立つような、ひとつの『辞典』を持つことが大切だ、と私たちは信じたのである」（ディドロ、ダランベール編『百科全書』桑原武夫訳編、岩波文庫、一九九五年、一三八頁）とダランベールは書いている。そのために一八四人の執筆者が動員された。多数の専門家の知識を一人の読者が統合的に知るという構図が考えられた。百科全書を企画したディドロとダランベールは、技術・学問・芸術の知のすべてが樹木の形に統合されると信じていたが、しかし、「百科全書」は諸知識をアルファベット順に配列した造りになっていた。

ヘーゲルは、静止した樹木のモデルではなく、形態発生する生命体のモデルで、知が自己展開する「百科全書」を書こうとしたが、その体系（本書第六章参照）が成功したとはいえない。

哲学とその周辺の知との関係は、理性的な根拠づけという関係で、まるで哲学がローマ帝国で、それ以外の知はその属領であるというイメージが描かれることもあった。

一　哲学は学問の基礎づけをしたことがない

哲学という領域が存在し、科学とか歴史学とか法律学とか会計学とかの実証的な学問や実践的な学問が、哲学の周辺に位置しているというイメージがある。このイメージのなかでは、哲学が王座に君臨していて、その他の学問が従属する。哲学という純粋学・厳密学の領域を、他の実証的・実践的・実務的な諸領域が取り巻く。哲学とそれ以外の学問とが、一対多の関係になり、哲学が諸学を基礎づけるとか、限界づけるとか、関係づけるとか言われる。しかし、「哲学は諸学を基礎づける」という言葉の本当の意味は何だろう。

実際に哲学が既成の学問を基礎づけた例があるかと考えると、実例を見つけることがむずかしい。ヘーゲルに通称「歴史哲学」と呼ばれる書物があるが、「歴史における理性」というのがいちおう正式のタイトルである。この書物は既成の歴史学を哲学的に基礎づけたものではない。この書物は世界史の記述そのものであって、歴史を外から眺めて基礎づけた書物ではない。むしろ世界史の総合的な記述の始まりの一つであると言った方がいい。

アリストテレスの政治学も、すでに政治学という学問が成立していて、それを哲学的に基礎づけるために書かれた書物ではない。それは政治学そのものであり、そこから政治学が始まったのである。

すでに学問として完成した一定の領域について、それを哲学的に基礎づけるという作業が行なわれたという例はほとんどない。もしかすると数学基礎論という領域は、算術の基礎づけなどを行なっているので、既成の学問の基礎を明らかにするという含意をもっているかもしれない。

哲学からさまざまな学問が生まれていったという歴史的な経緯は確かに存在する。学問が発生するとき、十分に洗練されてはいないが、やがて構造が明らかになるような概念が登場するので、そのような初期の概念は必ず哲学に関わりをもつと考えることもできるだろう。

マックス・ヤンマーの著作、『空間の概念』（*Concepts of Space*, 1954 高橋毅・大槻義彦訳、講談社、一九八〇年）、『力の概念』（*Concepts of Force*, 1957 高橋毅・大槻義彦訳、講談社、一九七九年）、『質量の概念』（*Concepts of Mass*, 1961 大槻義彦・葉田野義和・斉藤威訳、講談社、一九七七年）等を読むと、物理学の基礎概念が定着するのが、いわゆる近代物理学の成立（十七世紀）よりもずっと遅い（十九世紀）ことがわかる。

力や質料や空間は、最初、さまざまな比喩的な含意をもつ哲学的な概念として確立されたが、基礎概念相互の間の関係が数式によって明らかになると、基礎概念が哲学的な比喩から自立するのだと考えて良いように思われる。

二　自然主義と実在論

自然科学の哲学的な考察は自然主義の是非と実在論の是非で分類される。

一、自然主義的実在論は、認識それ自体が自然的実在の一部であって、意識の外界に客観的に存在する実在が認識に反映されると主張する。ヒトは、自然的に存在する認識＝実在を分有している。

二、自然主義的反実在論は、認識は自然的過程であるが人間の身体の知覚装置と脳の統合機能によって制約されるので、人間以外の生物の認識する世界像と人間の認識する世界像は異なっていると主張する。自然科学は、ヒトという生物に固有の幻想である。

三、反自然（イデア）主義的実在論は、人間の精神には自然の存在に還元不可能な超越的な知が内在するが、その超越的な知と経験知との複合によって、人間は客観的な実在を認識することができると主張する。ヒトは二つの通路を組み合わせて、幻影でない実在的な像をもつ。

四、反自然（規約）主義的反実在論は、人間の精神には自然の存在に還元不可能な文化的伝統、歴史的に形成されてきたセントラル・ドグマ、人間同士の間で結ばれた規約等が働いており、精神の文脈の外部にある客観的実在をそのまま精神の文脈のなかで捉えるという構造は成り立たないと主張する。ヒトは文化という色めがねで世界を幻視する。

認識の説明には、舞台の上に認識者と客体が立っていて、客体から認識者に粒子が流れるという素朴なものもあった。（加藤尚武「ヘーゲル哲学と懐疑主義」、京都大学大学院人間環境学研究科「人間存在論」一三号、二〇〇七年、または同論文採録の佐藤義之他編『知を愛する者と疑う心』晃洋書房、二〇〇八年、参照）認識の説明自体が認識の形となっている。そこで説明が自己撞着しないように概念を組みたてて、自然主義の是非、実在論の是非を証明しようとして、技巧的なテクニックが使われたりする。たとえばヒラリー・パトナムの『実在論と理性』（飯田隆他訳、勁草書房、一九九二年）がそうである。

自然主義と反自然主義に関しては、プラトンのイデア論的反自然主義がもっとも極端な思想であるが、これに対して白紙論とは違う自然主義的イデア論が登場すると、いままで使われてきた枠組みとは違う枠組みが可能になる。

実在論と非実在論に関しては、経験的な実証を積み重ねることによって、認識の確実性を高めることができるかどうかだけを考察すれば、それ以上の考察は不必要である。それには第一に「観測がパラダイムによって影響を受けるから、経験的な実証の積み重ねは成り立たない」というパラダイム相対主義を批判する必要がある。そして科学法則が、部分的な真理の積み重ねが可能な構造になっていることのベイズ論的な見通しがたてばいい。第一がパラダイム相対主義批判とベイズ論的な漸進による実在論への接近である。第二が自然主義的イデア論である。この二つの観点から、自然科学の哲学的考察は組み立て直される。

自然科学では実証主義が成功している。ガリレオ・ガリレイが斜面を使って、落体の加速度を測定したとき、斜面を回転しながら下る球体と垂直に地面に向かって落下する球体とで緊密な相関関係が成り立つと想定していたが、その相関関係が証明されるためには垂直に落下する物体の測定が必要だった。ガリレオ・ガリレイの仮説はさまざまな実験によって確証され、その確証は継続している。こうして多くの想定を含んだ仮説が、実証されて法則となる。

こう説明すると、それはトマス・クーン『科学革命の構造』（原書一九六二年、中山茂訳、みすず書房、一九七一年）以前の素朴な実証主義の主張に他ならないではないか、そういう実証主義はすでに「決定実験の不可能性」、「観測の理論負荷性」、「デュエム・テーゼ」、「パラダイム間の通約不可能性」で論駁されていると主張する人がいるかもしれない。

「事実の観測によって理論を肯定・否定することはできない。なぜなら観測そのものが理論に依存しているからである」というのが、観測の理論負荷性の内容である。たしかに観測は一定の理論に基づいている。観測機を使用する場合には、すべての観測機が一定の理論にもとづいて設計されている。

吟味の対象となっている理論と独立に観測の条件を整えて観測することによって、理論の検証が行なわれる。肉眼で観察したときには、ウサギに見えたり、アヒルに見えたりするという画像の統合の方向づけによって、見えが異なるという「アスペクト視」が発生する場合があるが、科学の観測は、肉眼による視覚の曖昧さが発生しないような条件を作って行なわれる。

人間の視覚が錯覚を起こすという話は、「水の中の櫂が曲がって見える」ということを取り上げたプラトン以来なんども語られてきて、科学の観測は錯覚を排除するように行なわれてきている。それと同じようにアスペクト視を避けることも可能である。（加藤尚武『「かたち」の哲学』岩波現代文庫、二〇〇八年、第一九章「水の中の棒」、参照）

クーンが、科学の発達は実証的な事実の積み上げによって連続的に進行するのではなくて、科学革命と通常科学という断続的な構造ですすむというモデルを考えついたということは、すぐれた着想だと思う。しかし、その着想をうらづけるために、「パラダイム間の通約不可能性」という議論を持ち出したのは間違っていた。パラダイムとパラダイムの間が、公理系の独立性と同じ構造になるという思いつきだが、天動説と地動説の間ですらデータの共有が実際にあったということは、異なるパラダイム間でも共通の観測データが可能であることを示している。（加藤尚武「パラダイム相対主義批判」、『21世紀への知的戦略』筑摩書房、一九八七年、参照）

自然科学は個々の因果関係の認識の確実度を高めていくことができる。いわゆる実証主義のテーゼ（実験・観察・観測等の経験を累積することによって、確実度が高くなる）というベイズ論的見通しは論駁されていない。

三　故意と過失

自然科学以外の領域では、基礎概念は由来がはっきりしないままで、それぞれの学問領域ごとに曖昧な合意で定着している。たとえば刑法学では、犯罪の成立条件として、故意と過失とが挙げられる。その概念装置は、英米法の場合とドイツ刑法の場合とでまったく異なるが、「過失の極端なものを故意と同様に犯罪の構成要因として扱う」ことを正当化するために、さまざまな論文が書かれているという点は、共通している。「コモンロー」という中世由来の慣習法的な概念を法源とする英米法と、フランス革命以後の理性的な体系性をそなえるように人為的に立法した大陸法は歴史的な淵源がまったく違っていて、過去に遡っても共通の概念装置がない。「故意と過失」という犯罪の基礎概念は刑法学のなかに囲い込まれていて、まだほとんど哲学との接点をもたないが、「故意と過失」が「意志」という哲学の本来の主題と深く関わっていることは明らかである。

哲学の領域では、アリストテレスの「ニコマコス倫理学」が故意過失論の出発点となっているが、行為論としてこの書物が再評価を受けた（エリザベス・アンスコム『インテンション』原書一九五七年、菅豊彦訳、産業図書、一九八四年）のは、ごく最近である。刑法理論の行為概念と照らし合わせる作業はまだ行なわれていない。

応用倫理学の問題としては、最近日本で医療過誤訴訟の事例が増加してきて、たとえばある産婦人科の医師が刑事訴追を受けたために産婦人科を志望する若手医師が激減するという事件が起こっている。問題の根源は、過失と故意の関係をどう理解するか、一般的な犯罪の概念規定が医療過誤に該当するかという法哲学的な問題にある。しかし、背景となった故意過失概念の歴史的な文脈を明らかにする作業は、既成の学問業績に依存しているだけでは不十分である。不十分である理由の大半は、日本には英米法の刑法理論家とドイツ法の刑法理論家はいるが、その両方を兼ねる人はいないからである。哲学者の仕事は、英米法とドイツ法のそれぞれの故意過失概念の系譜を明らかにすること、そして、医療過誤に対して妥当な故意過失概念はどのようなものであるかを明らかにすることである。

刑法学の基礎概念が、哲学から完全に離陸して、独自の手法で定義される可能性はない。それは人間の行為の評価の枠組みをどのようにして作るかという問題であって、実証的な科学の手法では定義できないからである。「非難に値する行為と賞賛に値する行為の評価基準はどのように作ればいいか」という問いが、いつまでも哲学的な問題を吹き上げてくる源泉となっている。

たとえば刑罰制度の根底には、犯罪の完全予防は、国民の自由を犠牲にすることなしには不可能であるから、発生してしまった犯罪について、一定の「見せしめ」（一般予防）効果を挙げるような措置をとるべきだという前提が働いていた。ところが、国際テロリストの犯罪の未然防止という目的を国家が追求し始めると、国民の自由の侵害は、国家による拷問や盗聴や逮捕状なしの予防拘禁を是認するという段階にまで短期間に到達する。「人身保護」という人権のもっとも基礎的な概念が、アメリカでわずか数年のうちに崩壊してしまう。こうした急激な変化に対して適切な判断を下すには、まったく新しい学問領域が必要となるだろう。そのなかには自由という基礎概念が、さまざまな歴史的な偶発的な事情のなかで成長変化を遂げてきた自由の概念史を作成する作業が不可欠になる。

医療過誤の場合だと、それを刑罰制度のなかで扱うことが、社会的に有効であるがどうかも問題になる。過失の一部を犯罪とみなすことを全廃して、過失への社会的な取り組みを、被害者救済の保険制度と再発予防の技術評価に置き換えてしまう構想も、一部で実用化されている。

この刑法と哲学の関係のなかに、哲学と諸科学の関係の典型例を見ることができる。産業社会が複雑化して、巨大な悪影響を及ぼす事故が起こると、過失を刑事法で扱うという仕方が作られる。すると人間は方向転換ができなくなって、事故の影響の増大に対して、蝿取り瓶の中の蝿のように、罰則の強化という対策を立てる。哲学者はこの固定観念を壊して、別の可能性を切り開く。

哲学者は湧き上がる懐疑の源泉の傍らにいて、そこから新しいシステムや学問領域を作り出そうとする。個別領域の研究者は、その源泉に封印をして、同業者の間で承認された枠組みに従って業績を生み出していく。たくさんの封印をつけて狭い領域で点数を稼ぐ地道な研究者もいれば、さまざまな封印を破ってあたらしい知の統合を成し遂げる独創的な研究者もいる。哲学者も大半は懐疑の源泉に封印をして、同業者の間で承認された枠組みのなかで、文献学的な実証で点数を稼いでいる。哲学者もまた専門家のひとりになってしまっている。

人文科学、社会科学、自然科学のあらゆる領域が、細分化されて統合の視点を見失っていくというイメージがあるが、細分化されることは、実際にはすき間を埋めて、領域間を連続化する機能を含んでいる。ところが細分化された領域のひとつひとつが「タコツボ化」（丸山眞男）して、そのなかで疑問に封印をかけたドグマが支配権をふるうようになると、学問は共通の言語を失ってしまう。

四　百科全書とアプリオリ

フランスで啓蒙主義の哲学者たちが「百科全書」という形で全知識の集成を作り上げようとして

いたのを横目に見て、いわゆるドイツ観念論の哲学者は諸学をふくむ哲学体系を構築するという企てをした。ドイツでは「百科全書」という表題の書物が、ヘーゲル、クルーク、ノヴァーリスなどによって、たくさん書かれている。

当時、さまざまな学問領域の相互関係を明らかにしたいという要求があった。しかし、「力学と化学はどういう関係にあるか」、「色彩、音、比重など物質のさまざまな性質を説明する科学は何か」、「生命の科学は可能か」というような学問論の基礎となる問いに答えることが当時の学問状況では不可能だった。哲学者たちは、未成熟な学問領域の主観的な評価にすぎない内容を、経験に問いかけることなく、アプリオリに単一の原理から諸学を導き出すという仕方で「体系化」しようとした。（加藤尚武「総論――カントとドイツ観念論」、『哲学の歴史　第七巻』中央公論社、二〇〇七年、「2　学問論と二元論」二七頁、参照）

フランス流の百科全書は、ロックの白紙論の影響を強くうけていて、体系的な学問の樹木図を示すことは控えめにしていたが、ドイツ流の哲学体系はロックが真っ向から否定したアプリオリの原理に基づく概念の自己展開として作り上げられた。

カントは「因果律」などの基本原則などはみな「アプリオリの総合判断」だと考えていた。A＝Aというような内容のない文章（分析判断）でもないし、経験を記述した内容（アポステリオリ）でもなく、永遠の真理であると信じていた。「汝の意志の格律が普遍的な立法の原理となるように行為せよ」という命令文も、カントは内容ではなくて形式だけが言及されているという点で、アプリオリだし、主語に含まれている概念を説明しただけの文章ではないから「総合判断」だと考えていた。

フィヒテ、シェリング、ヘーゲルも、自分の哲学的な立場を表現するテーゼは、アプリオリの総合判断だと信じていた。アプリオリとは「経験に依存しない永遠の真理」であり、総合判断とは「主語の内容をそのまま取り出したのでなく、主語に内容上の付け加えをしている判断」である。

二十世紀の哲学は「アプリオリの総合判断はいかにして可能的か」というカントの問いに「アプリオリであって総合的である判断は存在しない」という答を出している。カント的な意味でのアプリオリ（経験に先行し、永久不変で、経験を統合する機能をもつ、あらかじめ与えられている有限個の形式）の総合判断は、存在しない。ただし、あらゆる経験の領域で、そのつど先行する形式となって統合的な機能を果たす形式が存在するということは、必ずしも否定されない。その形式は、人間の身体に内蔵されている秩序である場合、幼児体験で形成されて刷り込まれた知識である場合、単に時間的に先行する経験内容である場合などがある。また言葉に含まれる意味がさまざまなイメージを喚起する力をもっているので先行形式の機能を果たす場合もある。こうした経験的でありながら機能的にアプリオリの概念として経験の統合を果たす概念は、さまざまな学問を支える道具となっているが、学問のあり方をこうした自然的アプリオリ概念からあらかじめ描き出すことはできない。

「あらゆる経験の領域で、そのつど先行する形式となって統合的な機能を果たす形式」であり、なおかつ「人間の身体に内蔵されている秩序である場合」とは、ヒトという生物に固有な遺伝的認識様式であり、ヒト以外の生物と共通である場合もある。

「アプリオリであって総合的である判断は存在しない」ということが明らかになったことによって、哲学には諸学を基礎づけることができないということが明らかになった。「基礎づけをすれば必ず嘘になる」という「ミュンヒハウゼン・トリレンマ」の内容は、すでにギリシアの懐疑主義文献のなかに見出すことができるが、それが現代的な意味をもつようになった理由は、二十世紀の哲学が「アプリオリであって総合的である判断は存在しない」という立場をとったからである。

ドイツ観念論で行なわれたようなすべての学問の原型を体系的に導出する試みなどはしないで、登場してきた学問をともかく集めて見せることの方が実際的に有益だった。現代では、学問領域の相互関係は、哲学という第三者、学問観察者がいなくてもおおよそはわかるようになっている。

現代における学問論の課題は、理論と実践の接点から生まれてくる。たとえば化石燃料の大量消費にもとづく大気圏での炭酸ガス濃度の上昇が温暖化をもたらしているという地球温暖化の因果関係は、疑う余地のある仮説である。この仮説が発表されて以来、気象観測の精密度がたかまり、さまざまな観測方法が新規に投入されて、観測の精度が全体として高くなっていることは確認できる。

そして観測の精度が高くなるにつれて、温暖化の因果関係の確実度が高くなっている。地球温暖化の因果関係がもっと確実になる時をまって温暖化対策を講じたのでは手遅れになるとわかったとき、地球温暖化の因果関係を将来もっと確実になるものと信じて対策をとることが実際的に正しいと、私は思う。

地球物理学に属するあらゆる知識を私は学ぶことができない。そのほんの一部を理解するだけだが、私は確実度のまったく違う因果関係の複雑なネットワークに自分が直面していることを知っている。

フッサールは世界の共有について次のように述べている。

われわれの連続的に流れる世界知覚において、われわれは孤立しているのではなく、この世界知覚において、同時にほかの人間と連係している。各人は、それぞれ自分の知覚や自分の現前化作用、自分の調和性をもち、また自分の確信がその価値を失って、単なる可能性とか、疑わしさとか、問いとか、仮象とかへ変わってゆくということを経験する。しかし他人と共に生きる（Miteinanderleben）ことによって、だれでもが他人の生にあずかることができる。こうして一般に世界は、個別化された人間にとってのみ存在するのではなく、人間共同体にとって存在するのであり、しかも端的に知覚可能なものを共同化することによって存在するのである。（フッ

サール『ヨーロッパ諸学の危機と超越論的現象学』原書一九三七年、細谷恒夫・木田元訳、中公文庫、二九七頁）

このフッサールのイメージによると、人間と人間が精神的に接触することによって世界に対する共同主体が形成されることになる。むしろ、人間は世界を学問的に知る、世界の認識をもつことによって、世界に対する共同の主体となると言った方がいい。

われわれの世界は、科学や社会制度を共有することで成り立っている。私は、ニュースで見た殺人犯と一面識もないが、法律制度を彼と共有していることを知っている。科学についても、個人の理解度がどれほど違っても、われわれは科学を共有している。

われわれという超越論的主体が科学的な記述の実在性を支えているから、科学が共有されるのではない。共有するから、われわれは共同の主体なのである。知の共有と共同主観の関係は、科学、法律、社会習慣、言語、情報などあらゆる知に妥当する。そのような共有に耐えられるようにわれわれは次の世代を教育している。（加藤尚武『教育の倫理学』丸善、二〇〇六年、参照）

すべての学問を網羅した百科事典も、あらゆる学問を有機的に統合して見せたと自称する哲学体系も、必要はない。必要なのは、自分たちがいま使っている因果関係の確実度の認識である。一〇〇%の確実度をもたなくても利用するよりほかのない因果関係もある。哲学の役目は、そのような因果関係の知的な文脈を明らかにして、合意形成に寄与することである。

われわれは自然科学という知を育てたり、さまざまな知を統合して法制度・社会制度を育てたりしている。「自然科学」、「社会科学」、「人文科学」という名前を作って、すべての知が科学であるという錯覚に自己満足するようになったのは二十世紀のことである。この文化（ヘーゲルは「教養」という）という筏にしがみついて人間は漂流している。文化という筏は、一人の人が設計したのではない。筏のなかの自然科学という部分と人文科学という部分とはまったくつながっていないで、私たちが筏にしがみつくことで、つながっていない筏をつなげているのかもしれない。

五　ハイデガーの徴発性《ゲシュテル》

専門領域がそれぞれタコツボ化していくという状況のなかで、人間のあらゆる生活形態のなかに入り込んで来て共通の要素を形づくっているものがある。機械、道具、情報である。あらゆる領域が技術化されて、便利さが拡大していく。

歴史家のフェルナン・ブローデルが、ヴォルテールのサロンの状景をえがいて、そこでの話題、宗教論とか、国際関係論とかを見れば、今日とほとんど変わらないと述べて、何がもっとも変化したかという質問を出して、「あかり」という答えを出している。ローソクの光が、白熱灯、蛍光灯、発光ダイオードと変化してきている。

すべての人類が、あらゆる時代にしがみついて手放そうとはしないものとは、便利さではないだろうか。

自然科学のなかの因果関係がある確実度に到達すると、そこからさまざまな技術が生み出される。「ビッグバン理論」のように技術化が成り立たない因果関係もあるが、およそ技術化できるものがあればただちに利用して、新しい製品が作られたり、医療技術が開発されたりする。

モノを利用するということは、そのモノの「本来のあり方」には目を向けないで、人間の直接的な欲望に奉仕させるという意味である。あらゆるものを「取り立てる」「徴発する」という態度が、技術主義の文化を動かしている。その様相をハイデガーは巧みに捉えている。

ハイデガーの見た近代技術社会では、あらゆる物事が「……立てる」（……stellen）という強制、利用、要求の関係でなりたっている。どこにも発信源はないのだから、「……立てる」というお化けが一人歩きしているようなものだ。「取り立てる」（注文する、返還要求をする bestellen）、「引っ立てる」（調達する gestellen）、「喚び立てる」（出頭を命ずる zustellen）などなど、さまざまな「……立てる」のお化けがいるようだ。この目に見えないお化け集団を、一つにまとめて「徴発性」

と呼んでみよう。「徴発」というのは、旧陸軍の用語で現地の住民から物資を強制的に徴収することである。近代技術社会は普通に写真をとれば、工場や自動車やコンピュータは映るかもしれないが、その本質の映るレンズでみれば、徴発性というお化けが一人歩きしている光景なのだ。そこでは『モダン・タイムス』の社長ですら、徴発性の奴隷なのだ。

徴発性は絵に描くときは骸骨であらわす。実はハイデガー自身は「……シュテレン」を集めて「ゲシュテル」（Ge-stell）と呼ぶ。「ゲシュテル」には、「骨組み」（骸骨）という意味もある。「わざとらしさ」とか「作意性」という意味も含まれる。トロイの馬とか、壊れかけた風車とか、巨大な工場の廃屋とかのように、組み立てられた巨大なもので、親しみがもてず、どこまでも違和感を感じさせるものである。それがノソノソと、あるいはノッシノッシと一人歩きしている。近代技術社会は徴発性（ゲシュテル Ge-stell）というお化けにとりつかれ、引き回されている。（加藤尚武編著『ハイデガーの技術論』理想社、二〇〇三年、一八頁）

徴発性（ゲシュテル Ge-stell）というのは、物あさりの見えない衝動である。どんな物のなかにも有用性をかぎ当てると、その有用性を実用化したり、大量生産したりする。人間は、徴発性（ゲシュテル Ge-stell）のとりこになったときに、自己実現の錯覚にとらわれ、自己をうしなったのではなくて、自分の目的が達成されたと思い込む。

ハイデガーは、実用化しようとする衝動を巧みに捉えて、その衝動を非人称化している。「私は新しい自動車を買う」という他動詞型の選択をしても、それを徴発性（ゲシュテル Ge-stell）の働きとして描き出すと、匿名の姿の衝動にとりつかれたような非人称関係の発動のように見えてくる。

技術が人間にもたらすものが何を意味するか。われわれは個別的な事例に即して、吟味する体制を作り始めたところである。医療倫理、技術倫理、環境倫理は、科学と社会との接点に立って、調整の役目を果たす。そこでは、「どうしてもこれを存在させてはならない」という技術否認の発動が、どういう条件で認められるかということを見届ける課題とともに、「気味が悪い」「弊害がある」等々の理由づけをもとにして行なわれる安直な技術否認を排除するという仕事もしなくてはならない。

人間にとって重要な問題は一定の確実性に到達した因果関係が技術化されたときの社会的な影響の評価である。

科学者が実際に仕事をしていると、片側にはほとんど疑う必要のない、何度も確証された法則がある。片側には、真偽の疑わしい仮説がある。仮説を確証された法則を組み合わせて説明することができれば、仮説の確実度が高くなる。たとえば「ビッグバン説はもはや仮説ではない」というとき、最初にG・ルメートルが発表した（一九二七年）段階では、「ハッブルの法則」と「一般相対性理論」をよりどころに構成された宇宙発生の仮説であったが、いまでは、それを支持する多数の観測結果が存在するということである。

哲学者のなかから、「決定実験の不可能性」、「アスペクト視を論拠とする観測の理論負荷性」、「パラダイム間の通約不可能性」というような間違った科学理論が生み出されたときに、それを解消するのはとうぜん哲学者の責任であるが、そうすることで哲学が科学に寄与するわけではない。

哲学者が間違って作り出してしまった「難問」に誰かが解決を与えようとすると、またそのなかにふたたび間違って「難問」が作り出されてしまったために哲学という学問の継続性が成り立って、学会、研究室、哲学の授業が、毎年続いていく。たとえば、トマス・ネーゲルは「唯一確かだと思えるものは自分自身の心の内部だけ」という前提で、「どうやったら自分の外部に床とか樹木とか自分の歯とかが実在すると信じることができるか」という問題を例にあげている。

しかし普通の人間が「唯一確かだと思えるものは自分自身の心の内部だけ」という気持ちになることはない。だから「唯一確かだと思えるものは自分自身の心の内部だけ」とはどういう意味ですかと聞きたくなるだろう。私ならば「それは、〈自分の外部に床とか樹木とか自分の歯とかが実在すると信じることができない〉という気持ちである」と説明する。すると、このネーゲルの出した問題は、「自分の外部に床とか樹木とか自分の歯とかが実在すると信じることができないという前提でどうしたら自分の外部に床とか樹木とか自分の歯とかが実在すると信じることができるか」という問いと同じであることになる。(トマス・ネーゲル『哲学ってどんなこと?』岡本裕一朗・若松良樹訳、昭和堂、

一九九三年、一〇頁、参照）

「Aが不可能であるという前提のもとにAが可能であることを説明しなさい」という文章を、さも有意味であるかのように書き直して、哲学的根元的な問題だから、貴方も考えてみなさいと誘惑するのが、職業哲学者なのである。

「他人の心を知ることができるか」、「自由と必然は両立するか」、「心と身体が一つであるということは説明できるか」、これらの哲学的問いはどれもみな「Aが不可能であるという前提のもとにAが可能であることを説明しなさい」という構造をもっている。こういう問題を「解く」ということは、問題そのものが、トリックだったということを明らかにすることである。哲学者の作り出した愚問を解消することは、確かに哲学者の任務であるが、それでは哲学は学問に貢献できない。

知識人＝万能人が、知識人＝専門家に変貌しつつあるとき、哲学帝国主義を確立しようとしてヘーゲルは失敗した。過去の哲学にも、哲学が学問の特定領域を支配したり、基礎づけたり、その命題の審査をしたという事例はなかった。ただし哲学者が、新しい学問領域の創設者になることはあった。しかし、哲学はその学問を実証的な領域に引き渡さなくてはならない。自然科学では、十七世紀までが創設期で、十九世紀は引き渡しの時期になる。

二十世紀には、「パラダイム論」が登場して、実証的な自然科学の真理性に哲学者が疑いを入れたが、その手法は、「観測の理論負荷性」というような現実の自然科学には存在しない言いがかりだった。

社会科学の領域では、刑法の故意と過失の理論が、アリストテレス以来の行為論と重なる領域であるが、刑法学と哲学がそれぞれ専門化することによって、まったく別領域になってしまっている。同様の事例が、経済学と欲望論にも成り立つだろう。社会科学は、実証科学に成長することなく、哲学と絶縁した領域である。領域の壁を壊して、新しい学問が誕生する可能性がある。

しかし、二十世紀の哲学者が行なってきたことは、哲学者の間でしか通用しない謎の言葉を作って、その謎解きのための文献を大量に生産することだった。その点では、ハイデガーやフーコーの周辺も、分析哲学の周辺も、あまり変わりはない。

哲学アカデミズムの謎解きのページを伏せて、生命倫理、環境倫理、地域紛争という二十世紀の社会を揺るがせてきた問題の核心に目を移せば、かえってそこに哲学のもっとも古い伝統と結びつく問いが浮かび上がってくる。

第4章　プラトン主義と生命・環境・地域紛争

ベーコン以来最近四〇〇年間を貫く、哲学知のもっともたしかな、もしかすると、たった一つの連続性は、プラトン主義・霊肉二元論が崩壊し、物質一元論の影響が拡大していることである。精神が物質に還元されないと言う論拠は、いま「クオリア論」という首の皮一枚で胴体とつながっているが、離れ落ちるのは時間の問題である。プラトン主義は、人間の魂は本来は物質と肉体の世界に属するのではなくて、霊的な故郷からたまたまこの世に漂着して、物質的な物しか見えないように鎖で縛られているという神話を述べる。神話とは証明不可能であることは承知のうえだが、真実である物語だ。

このプラトン主義の中心的なドグマは、イデア説と呼ばれ、幾何学、数学、論理学、倫理学、美学、哲学の真理の究極のよりどころは、人間が生まれる前からもっているアプリオリの知であるイデア、とりわけ善のイデアであるというものであった。このイデア説の近代版はカントの「アプリオリの総合判断」で、一二個の論理的カテゴリーに対応する「アプリオリの総合判断」が、経験と倫理の真理性を支えるという学説であった。

「アプリオリの知」が存在するためには身体に依存しない精神の活動が存在しなくてはならない。精神は、物質が存在する前から存在している。精神は不滅であって、身体の生死とかかわりなく存在し続ける。精神は神の意志を受け止めることができる。などなどの言説はすべて「精神は身体から離存可能である」という離存説を前提している。

プラトン主義を否定するもっともたしかな論拠は、白紙説であると多くの人々が信じた。「人間の心は生まれるときに白紙の状態であり、すべての知は、この白紙に経験を通じて書き込まれる。」これが経験主義の核心である。二十世紀の哲学で、もっとも影響の大きかった英米の「分析哲学」は、この白紙説の完成を目指しておよそ一〇〇年間の思想的な営為を続けた。フレーゲ、ラッセル、カルナップ、ヴィトゲンシュタイン、クワイン、デヴィッドソンという代表的な思想家のひとりひとりに白紙説への信仰告白を語らせることはできないが、彼らがカントの「アプリオリの総合判断」を否定し、すべてのアプリオリの知の有効性を否定するという路線を走り続けたことはたしかである。

二十一世紀の哲学の前提は、離存説の否定と白紙説の否定である。人間のすべての精神活動は脳の働きに依存する。人間の脳は、生まれた時に白紙ではなく、さまざまな知の形式、あるいは知そのものを遺伝的に継承している。だからといってプラトンの言葉、ロックの言葉が、すべて無意味になるのではない。彼らは人間の自己探求のすばらしい記念碑である。

一　プラトン主義と生命倫理学

プラトン主義の最後の砦は、「精神の働きは物質の存在に還元できない」という非還元論だった。この砦を守っていれば、プラトン主義の神話と、したがってキリスト教の神学は安全だと思われていた。ウィリアム・ジェームスもベルグソンも、砦の安全を確認した。ところが「感覚の感じられる質は脳の機能に還元できない」というクオリア理論は、非還元論ではあっても、プラトン主義の砦にならない。クオリア理論と物質一元論が両立可能であるという説明がつくなら、そこでプラトン主義はゴミ箱行きとなるという筋書きである。西洋哲学史で最大の潮流が消滅する瞬間に、いまわれわれは立ち会っているらしい。

あるささやかな例証を試みる。哲学的論証の必要性をカントはどのように説明したか。

カントは道徳については、一般の人々の常識にゆだねてもおおよそで間違いないと思っていた。

しかし、常識的な道徳に一貫性や持続性をもたせるためには、純粋な道徳哲学が必要だと次のように主張した。

純粋な道徳哲学が存在しなければならないということは、義務や道徳法則についての通常の考えからしてもおのずと明らかである。

〔一〕ある法則が道徳的なものとして、すなわち責務の根拠として妥当すべきであるとすれば、その法則は絶対的必然性を伴っていなければならないということ、

〔二〕「汝嘘をつくべからず」という命令は、ただ人間だけに適用されて、人間以外の理性的存在者はこの命令を無視してよいといったものではないこと、

〔三〕またこれ以外の本来の道徳の諸法則もすべて同様であること、

〔四〕したがってここでは責務の根拠は人間の本性や人間が置かれている世界の状況のうちに求められてはならず、アプリオリにひたすら純粋理性の諸概念のうちに求められなければならないこと、

〔五〕そして道徳法則以外のたんなる経験の諸原理に基づく指令のすべては、たとえそのうちのある指令がある観点から見て一般的〔に通用する〕指令であるとしても、それがほんのわずかな部分において、おそらくはたんにその動因において、経験的根拠に基づいている限りで

は、実践的規則とよぶことはできても、決して道徳法則とよぶことはできないこと、以上すべては、誰でもが認めざるをえない。（宇都宮芳明訳『道徳形而上学の基礎づけ』以文社、一九八九年、一五頁）

カントには、人間が感性界（この世）と叡智界（あの世）という二つの世界に帰属しているということ、その叡智界（プラトンによればイデア界）では人間以外の理性的存在者と共通の法則を守るということが、ほとんど自明であるように思われた。カントの想定していた「人間以外の理性的存在者」とは、神、天使、異星人がまず想定されるが、神に道徳法則が強制されるということはないので、天使と異星人が候補者に残るが、天使が嘘をつくとも想定できないので、異星人をカントは具体的に念頭においていたことになる。各惑星には「理性的存在者」が棲息していて、惑星が太陽を離れるに従って、だんだんにその「理性的存在者」の感性的な要素が減少していって、叡智的要素が増加するとカントは考えていた。

カントはアプリオリ（経験に依存しない）の証明を行なう領域と、アポステリオリ（経験に依存する）の論述を行なう領域との区別を、哲学自身のうちにもうけていた。

現代のカント主義者はきっと「異星人の想定をはずしてもカントの論述は有効である」という主張をするに違いない。しかしカントは道徳法則の普遍化可能性を人間の間だけに限るならば、人間はなれあいで義務の内容を引き下げてしまうから厳密主義が成立するためには異星人の想定が必要なのだというだろう。別の言い方をすると定言命法による普遍化可能性の意味が、異星人の想定を含むか含まないかで違ってくる。人間自身が、プラトン的なイデアの世界と肉体の世界と二つの世界に属するということは、カントにとってはほとんど自明の事実だった。カントだけではない、西洋の思想家のすべてにプラトン主義の影響が浸透している。

　現代人でも、自分の心のなかに「身体に依存しない精神」が存在し、その心は神とつながりをもつことができると信じている人は多い。

　プラトン主義の崩壊という問題について、ウェルナー・マルクス『地上に尺度はあるか』（上妻精訳、未來社、一九九四年）は、ハイデガーにおけるこの問題の展開を緻密に追跡している。「プラトンのアガトン〔善〕を単純に復権させることはできない。というのは、尺度は被造物にとって超越的基準であるという、伝統的に解された尺度の本質をもつ神が存在するという確信があまねく支配していた時代は過ぎ去ってしまったからである。この確信が効力を喪失するにつれて、一つの空所が生じ、その結果、今日も妥当している伝統的な善悪の意味は、その意味を付与する決定機関のない状態におかれている。」（一一四―一一五頁）

　ウェルナー・マルクスの言葉を逆手にとって「尺度は人間にとって超越的基準ではない」と言うなら、そこから功利主義が飛び出してくるのだろうか。それともケルゼンの「法実証主義」だろうか。人間が、「超越的基準」（イデア界に由来する基準）をもたずに尺度を作ろうとする試みが、やっと「応用倫理学」というみすぼらしい看板のもとで営業を開始したところである。

たとえば、他人のお腹で、自分たち夫婦の受精卵を懐胎してもらう。これは、いいか、悪いか。過去の偉大な宗教人や哲学者の言葉をすべて集めても答えはでてこない。答えがでるはずがない。彼らのテキストをどのように拡大解釈しても、代理懐胎に対応するような倫理的判断は見い出せない。「あらゆる価値の根源はすべて宗教の内にある」と主張する人が、新しい医療技術が生み出す人間の新しい営為の善悪の尺度が、過去の宗教人の思想のなかに書き込まれていると言うとすれば、それはこじつけにすぎない。新しい技術の登場によって、宗教も伝統的な思想も、すべてが無効になる可能性が見えている。

新しい技術が新しい人間を創り出す。人間を人間が改造する可能性、人類の文化史のなかで想像すらもされていなかった技術が実用化される。人間の存在の仕方を人間はどこまで変えて良いのかという問題に、人類は直面している。

人間の地上の営為について人間はどこか地上の生活以外のところから尺度を導入してくることはできない。人間がしがみついている文化という筏の上で尺度を作り上げるのだが、過去の文化が沈黙せざるをえないということは、いま、現に妥当している原理の組合せとわれわれの存在のなかにひそんでいる原理以外に尺度の作りようがないということである。しかし、「われわれの存在のなかにひそんでいる原理」は決して虚しい言葉ではない。

二つの領域は、感性界と叡智界というように、二つの世界に分けて考えられ、人間はその両方に二重帰属しているとカントは考えていた。すると宇宙全体が、二種類の存在に分けられてしまう。この「二世界論」に対して、存在の一義性を取り戻そうとする哲学的な努力もさまざまに行なわれてきた。物心一体であるような、未分化の根元的な一者の展開として全存在を説明するという思想形態は、西欧ではプロティノスの影響下で語られることが多かった。

現代では、究極の一義的な存在は物質的な存在であるという物質一元論が、支配的になりつつある。ところが人類の文化には、霊肉二元論の影響があまりにも強く、霊肉二元論で説明される考え方が多く残っている。たとえば「禁欲は霊による肉の支配である」とか、「人間の尊厳とは霊的なものの人格における内在である」とか。霊肉二元論が消滅するとき、これらの「禁欲」とか「尊厳」とかの価値観は単純に消滅していくのではなくて、二元論という存在論的な前提から分離されて、物質一元論の前提のなかでも有効な原理に移植・投影・類比されて、その精神的な価値が残されなくてはならない。

二　進歩から持続可能性へ──歴史哲学としての環境倫理学

地上の実用的な技術が人類に恩恵をもたらすという思想は、フランシス・ベーコンの『ノヴム・オルガヌム』（一六二〇年）でこう語られている。

偉大な発見をもたらすことは、人間の活動のうちで格段に第一位を占めるように思われる。発見者たちの恩恵が人類全体に及ぶことができるのにたいして、政治の恩恵は特定の場所にしかおよばない。政治の恩恵がわずか二、三代しか続かないのに、発見者たちの恩恵はいわば永遠に続くからである。発見は新しい創造であり、神の業の模倣である。

文明の進んだ地方と、未開で野蛮な地方と人間の生活にどれほどの違いがあるかを考えると、その違いは実にひどいもので、〈人が人にとって神である〉ということが、その援助と恩恵についてだけでなく、状態の比較についても正しいと考えるだろう。この違いは、土地、気候、体力によるのではなくて、技術によるのである。……学問と技術が邪悪と贅沢におち入ると非難する人があったとしても、これに心を動かされてはならない。というのは、このような邪悪と贅沢は、知能、勇気、力、容姿、富、光自体など、地上のあらゆる善についても言えることだからである。人類が自然にたいする支配権を回復して、それを発揮する力を与えられさえするならば、健全な理性と正しい信仰が、それを正しく用いるように導くであろう。（第一巻一二九節、服部英次郎訳『世界の大思想6　ベーコン』河出書房新社、一九六六年、二九三―二九四頁）

地上の生活を豊かにする道は技術革新である。「健全な理性と正しい信仰が、それを正しく用いるように導く」というベーコンの言葉から「正しい信仰」という言葉は抜け落ちてしまってマルクスもスペンサーもデューイも、このベーコンの掲げた実用性というたくましい真理の旗の下にいる。

考えるということは、環境をコントロールするための道具である。コントロールは行為によってもたらされるが、その行為は、複雑な状況を確定されたもろもろの要素にまえもって分解したり、それにともなってさまざまな可能性を予測したりすることなしには――すなわち考えることなしには実行にうつされない。（デューイ『実験的論理学試論』からの引用、魚津郁夫『プラグマティズムの思想』ちくま学芸文庫、二〇〇六年、二四二頁）

「環境をコントロール」することは何のためかと聞かれれば、人間的なさまざまな問題解決のためであるとデューイは答える。状況に柔軟に対処して、協力し合って問題解決をするというのが、デューイの語り続けてきた人間の良いあり方である。

その目的自体がどういうものかは、わかりきっていると思われていたようである。蚊がマラリアの病原体を運んでくるなら殺虫剤をまいて蚊を殺すというのは問題解決である。しかし、塩素系の殺虫剤の複合汚染で生態系が壊されてしまうという問題（レイチェル・カーソン『沈黙の春』原書一九六二年）をどう考えたらいいのだろう。

さまざまな問題を技術的に解決していくことで人類は進歩を達成していくという楽天的な見方は、有限な資源を現在の世代が多く使えば使うほど、未来の世代の生存条件は制限されてくるという事情を突きつけられると、通用しなくなる。「進歩」と思われていたものが、資源の枯渇であり、廃棄物の累積であり、生態系の不可逆的な劣化であるという状況では、未来世代への責任こそが道徳の根本原理とならなくてはならない。

マルクス主義の段階では、価値が地上的なものに切りつめられても、その地上的な価値のなかに進歩というエンジンが積み込まれていて、時間の彼方に開かれているという感覚があった。しかし、環境問題に直面したいま、自然の有限性の壁が進歩の前に立ちはだかっている。

自然が永遠に同じ状態を反復するという考え方は、東洋でも西洋でも、物事の基本的な見方であった。そして人事（文化）は発展し変化していく。ところが自然そのものが本質的に歴史的であるという見方が「ビッグバン理論」として登場する。自然が根本的に歴史的であるなら、一度劣化した自然の生態系は時間が経てば必ず復元するものではない可能性がある。

歴史という言葉は、文字に書かれたものという意味であったが、いまでは地中の花粉が読まれて、過去の生態系が復元される。南極の氷の中の成分によって長期的な気候変動がわかってくる。歴史学のなかに生態の科学的な歴史記述が増えてくる。歴史学は自然科学と人文科学が相互に入り組んだ混合物となっていく。

自然と文化の全体が、さまざまな形と速さから成り立つ異質の流れの集まりである。フェルナン・ブローデルが言うように、農業の変化速度はだいたい市場経済の変化速度よりも遅い。産業の変化よりも政治の変化の方が早い。自然は毎年同じ花を咲かせるが、人の心は進歩と発展の軌道に乗っているのではない。自然も精神もそれぞれの歴史性をもっている。法律や倫理が技術の変化についていけないことも起こる。資源の枯渇、廃棄物の累積は未来予測が可能であるにもかかわらず、政治がそれに先回りすることができない。

歴史のなかに進歩という過程は実在するかという問いは不要になってしまった。むしろいま問われなければならないのは、どういう条件であるならば進歩は許されるかという問題である。地上的な目的を追求する営みがどうして破滅への道を不可避的に突き進んでいってしまうのか。世俗的な日常の世界が終末論の様相を見せている。

歴史から進歩という価値が消滅し、存在（ザイン）と価値（ゾレン）の重なり合う場所が失われた。自然そのものが歴史性をもつという事実が、歴史記述の領域にまで明確に見えてくるようになって、歴史の予測可能性が生まれてきているが、その未来像は資源の枯渇、廃棄物の累積、自然生態系の崩壊というカタストローフの様相を見せている。経済的自由主義と政治的民主主義という構造を維持したままで、高度成長社会から持続可能性を保つ社会へと体質変換していくトンネルを見つけることができるかどうか。その前に国家の安全を第一の優先順位において、拷問も盗聴も予防拘禁も行なうという民主主義の変容が先進国全体の特徴となるのか。これが、現代の先進国社会が背負っている最大の課題なのである。

三　解釈学・寛容・地域紛争

人類がしがみついている文化という筏の積み荷のなかで、言語とくに文字は流れに運ばれながら変わることが少ない。千年前の文字でもいまの私が読める。文献解釈の方法は、自然科学でもないし、社会的な事象を観察記録することを主要な補助手段とするものでもない。ディルタイは、人間精神の理解が生理学的な過程と結合していることを十分にみとめつつ、けっして自然科学的な認識に還元できないということを強調していた。

物質の質量粒子にすら心的生が付与されていると考えたとしても、一つの合成された物体全体のために、この事態から統一的意識が生じることは不可能であろう。したがって、機械〔論〕的自然科学は、心の統一を自分に対立する独立のものと見なさなければならなくなる。……われわれの生の超‐自然的なもの（das Meta-Physische）は、人格的経験として、すなわち道徳的‐宗教的真理として残されている。……魂の理念または人格神の理念は、内的経験にもとづき、内的経験やこれに関する省察とともに発展してきた。（牧野英二監訳『ディルタイ全集　第一巻　精神科学序説I』法政大学出版局、二〇〇六年、三九〇頁）

ジョン・ステュアート・ミルとオーギュスト・コントの正しさを一〇〇％認めたうえで、精神文化の独自性が残るはずだとディルタイは言う。非凡な博識と凡庸な精神文化主義がディルタイの持ち味である。たしかに解釈学は、人文科学の方法の不可欠の独自領域として、生き残るだろう。さまざまな宗教の教典、古典など文字文献、図形や楽譜などがその対象である。

ヘーゲル主義の影響が強かった十九世紀末では、哲学は過去の哲学の対立をのりこえると同時に総合して、より高い境地に立つという発展史観が多くの人の支持を得ていた。新しい時代が来ると、新しい思想が流行するという歴史相対主義を乗り越えて、哲学が絶対的なものに接近していくという思想を裏づけるには、発展史観が好都合だった。ところが東西の文化のなかに見出すことのできる哲学史は、過去を乗り越えてきた精神の発展史ではなくて、テキスト解釈と影響関係史を時代順に記述したものにすぎない。

どのような思想も、新しい思想で乗り越えられ、不要になってしまうことはない。プラトン主義が崩壊しても、プラトンのテキストは永遠に読むべき著作である。人類は、哲学、宗教、文学、歴史など膨大な古典の遺産を担っているが、テキストの解読作業は絶え間なく続いている。

過去の文物と現在の人間との間に了解の通路が成り立つということは、解明の困難な謎である。宗教はそのような通路の存在を前提にして成り立つ。世界じゅうで戦火を散らしているファンダメンタリズムは、教典理解に時間の差を読み込むことを拒否して、「文字のままに」理解するという理解の仕方の上に成り立っている。

聖典クルアーンを最も中心的法源として、壮麗でありつつも極めて現実的に柔軟に作動する法システムを完備するのが、イスラーム法に他ならない。しばしば聖職者と誤解される宗教指導者も、身分はイスラーム法の専門家であり、金曜日のモスクでの祈りを主宰した後は、人生万般に亘る法律相談を受け持っている。

　革命後の混乱期には様々な事件が起こり、そのたびごとに法的決断を迫られてきた。表面的には「ウロコの無い魚類は食べられない」とのイスラーム法的規定から禁止されていたキャヴィアも、「チョウザメの体内にウロコの痕跡が発見された」との報告をもとに、ホメイニ師の断が下されて、二年前（一九八三年）の夏以来解禁となった。

　イスラームの人々が法に強いのは、今に始まったことではない。利子に関しても、所有権と管理権を分離し、究極的所有権はアッラーの神にあって、われわれはただ彼の財産を預かり管理しているだけである、それゆえに増やして返すのは神も嘉し給うはず、という理論が確立している。それかあらぬか、イラン革命の前後をとわず、銀行は高金利で運営されている。もっとも利子とは言わず、彼らはすべからく利益供与とか手数料と称している。（五十嵐一『イスラーム・ラディカリズム』法蔵館、一九九〇年、一一八―一二〇頁、語句を一部要約）

　理解の通路がつねに更新されながら維持されているということが伝統の存在を裏づける。解釈学は、そのような文化の存在を明らかにしようとしている。解釈は学問の最古のあり方であるにもかかわらず、聖書解釈法という形でプロテスタントの文化のなかで育ってきた。

現代から見て疎遠なものとなり、新たに、そしてより正しく体得されることを必要とする過去の精神は、伝承された文献のみに限られない。むしろ、もはや直接に自分の世界にはないが、その世界のなかで、その世界に向かって自己を表明するものすべて、したがって、あらゆる伝承、芸術および法律、宗教、哲学などその他のあらゆる過去の精神的所産は、それらが本来もっていた意味から疎遠なものとなっており、それゆえ解明し媒介する精神を必要とする。この解明する精神をわれわれはギリシア人にならって、神々の使者であるヘルメスの名に因んでヘルメノイティクと名づけるのである。解釈学が精神科学の内部で中心的な機能をもつようになったのは、歴史意識の成立によるものであった。（ガダマー『真理と方法』轡田収他訳、法政大学出版局、一九八六年、二四二頁）

世界にはさまざまな教典がひしめき合っている。それらはすべて武力対立を引き起こすほどまでに、相互に不可通約的なのだろうか。その答はまだ出ていないが、現在では世界の戦火のあるところにかならず解釈学的な問題がある。

イスラムの世界では法源はすべて教典にある。立法の権限は人間にはない。人間はただ解釈するのみである。

イスラームは、教会を世俗国家からはっきり区分する聖俗二元論的キリスト教と鋭く対立する。「わが王国はこの世のものではない」と言い、「カエサルのものはカエサルへ、神のものは神へ」と言ったイエスの言葉の上に、キリスト教のあの壮麗な中世的教会制度が構築されていく。イスラームは、存在の全体をそっくりそのまま宗教的世界と見る。イスラームの見る世界は、「聖なるもの」によって一切が浸透された、あるいは浸透されなければならぬ世界として描写される。人間生活のあらゆる局面が根本的、第一義的に宗教に関わってくる。個人的、家族的、社会的、民族的、国家的、およそ人間が現実に生存するところ、そこに必ず宗教がある。人間存在のあらゆる局面を通じて、終始一貫して『コーラン』に表われている神の意志を実現していくこと、それがイスラームの見る宗教生活だ。（井筒俊彦『イスラーム文化』岩波文庫、一九九一年、四〇―四一頁）

解釈は、西欧型の文化主義の文脈のなかでは政教分離の壁で隔てられた文化主義のアカデミズムではぐくまれる「テキストの読み方」であるが、イスラムの政教一致の世界では、解釈こそが立法である。原理的に人間による立法の可能性を拒否する文化に向かって、民主化のためであれば軍事力を使う、市場経済化のためであれば国際通貨基金を使うというようなグローバリゼーションの波が打ち寄せる。しかし、政教分離の世界での教典解釈と政教一致の世界での教典解釈は、その方法自体は「文字を読み、意味を再現する」ことであって本質的には変わらない。

異なる宗教の間での「寛容の概念」は西欧型の文脈では、神のものである精神性を地上の力を用いて強制してはならないと表現されるが、こうした寛容の概念そのものが、神の国と地上との二元論に依拠している。二元論の宗教と二元論の宗教の間では、寛容の概念が成り立ち機能するが、二元論（政教分離）の宗教と一元論（政教一体）の宗教の間では、寛容という概念が成り立たない。

宗教と宗教の関係のシナリオを考えてみよう。

一、異なる宗教の間に共通の原理が存在しない以上、力の衝突は避けられない

二、異なる宗教の間に共通の原理は確認されないが、最小限の共通原理が承認されて、力の衝突が発生しなくなる（ハンス・キュング、カント啓蒙精神）

三、異なる宗教の間に共通の原理は確認されないが、普遍的な寛容の原則（たとえばピエール・ベール）が、承認されて、文明の衝突が発生しなくなる

四、異なる宗教の間に共通の原理が確認されて、文明の衝突が発生しなくなる

「一、異なる宗教の間に共通の原理が存在しない以上、力の衝突は避けられない」という悲観的な見方に対して、「異なる宗教の間に共通の原理が存在しないからと言って、力の衝突は避けられないはずはない」と誰しも考えたくなる。しかし、「四、異なる宗教の間に共通の原理が確認されて、

文明の衝突が発生しなくなる」というのは、あまりにも非現実的なので、結局、「最小限の共通原理」（ハンス・キュング）とか「普遍的な寛容の原則」とかが、解決策になるように思われる。

永久の平和を求めるなら「四、異なる宗教の間に共通の原理が確認されて、文明の衝突が、発生しなくなる」可能性を追求しなくてはならない。現在、対立し合っているさまざまな宗教が、一見するとまったく共通の原理をもたないように見える。しかし、あらゆる宗教は独自の伝統をつくり上げて、独自の専門家を育ててきたので、そうした伝統が排他的な関係を固定しているのであって、それぞれの原典の思想そのものが排他的であるかどうかは、別問題である。

現在の「文明の衝突」の背後にある、教典解釈の不可通約状態は、それぞれの宗教が教団組織として確立されたという歴史的事情が固定化された結果にすぎない。宗教の根元性が、それぞれの教団の政治によって実定化されている。それを破砕するのが解釈学的破壊である。世界じゅうの原始宗教の教典を解釈して、そこから武力紛争の原因となる要素がまったくないことを証明するという課題を人文科学は担っている。

現代の学問のすべての領域で、哲学と諸学との生きた接点が生じている。

一、自然科学は、さまざまな因果関係について確実度を高める作業を行なっているが、因果関係を利用して技術や政策という実践が組みたてられるとき、その実践とのかかわりで外部からの評価をうけなくてはならない。自然科学は社会的実践との接点で、科学と社会との両方の事情をよく知る人を育てていかなくてはならない。
二、倫理学は、技術によって人間の存在の仕方を人間はどこまで変えて良いのかという問題に、天上と地上、霊魂世界と肉体世界、叡智界と感性界というプラトン主義的二元論に訴えることなく、答を求め続けていかなくてはならない。
三、社会科学は、経済的自由主義と政治的民主主義という構造を維持したままで、「自由」「人権」「民主主義」という理念の精神的な価値を継承しつつ、高度成長社会から持続可能性を保つ社会へと体質変換していくトンネルを発見しなければならない。
四、人文科学は、古典という人類の遺産を解読し尽くして、すべての宗教にかんして宗教間の武力衝突が宗教の原理と反するという現代世界を貫く新しい寛容の概念を確立しなくてはならない。
純粋な哲学的な問いと称するものを作り上げて、その問いに没入することが哲学以外の職業の人にとっても必要不可欠だというような、純粋哲学の自己主張は成り立たない。また西洋の哲学史が先行者を克服統合していく有機的発展を遂げてきたから、その跡をたどることが哲学の学習であるという哲学史観も成り立たない。すべての学問の根底にある超越論的自我の反省的自覚が学問の本来の姿であるという主張も成り立たない。哲学は個別分野に超越するものではない。学問、技術、政策のさまざまな分野に入り込んで、社会的な合意形成の援助をする応用倫理学こそが、哲学の根源性を担っている。

第5章　ヘーゲルとマルクス

ヘーゲル以後の思想家で、マルクス以上にヘーゲルのテキストを読みこなしていた人はいなかった。マルクスは、非常に抽象的なヘーゲルの言葉も直感的に真意をつかんでいた。マルクスという思想家がまだ生きているのか、すでに死んでいるのか。このことを考えるうえでは、マルクスとヘーゲルがどのようにかみ合っているかが鍵になる。

一　マルクス『資本論』のなかのヘーゲル

マルクスはヘーゲルの著作を何度も何度も読んで、頭で暗記しているので、普通に物を書くときにも知らず知らずにヘーゲルを引用しているという意識がないままに、いつの間にか、物を書いたらヘーゲルの書くのにそっくりだったということがある。引用しているということがある。また意図的にヘーゲルの言葉をはめ込むこともある。こういう「本歌取り」のようなはめ込みを解釈用語ではコノテーション（connotation）と言う。資本論全体にわたってヘーゲルのコノテーションがどのくらい含まれているかという研究はまだ行なわれていない。このコノテーション研究までやって初めて、資本論とヘーゲルの関係が明らかになるわけだが、マルクスの文章を読んでいて、「あっ、これはヘーゲルの言葉だ」とすぐわかる人は世界じゅうに何人もいない。そういう人が死んでしまえば、誰もコノテーションについて書けないということになりかねない。さしあたり『資本論』のなかで、名指しでヘーゲルについて言及している箇所からいくつかを拾って、この二人の思想家の絡み合いのおおよその姿を描くことにしよう。

つぎの一五箇所（K1―K15）が、マルクス『資本論』のなかのヘーゲルについて言及している箇所である。（一篇一章一節を一―一―一と表記、節がない場合もある）

K1（I巻、第二版後記、岩波文庫一巻三一頁）、唯物論について

K2（I巻、同、岩波文庫一巻三二頁）弁証法について

K3（I巻、一―一―二、岩波文庫一巻八四頁）、労働の二重性について

K4（I巻、一―二、岩波文庫一巻一六四頁）、価値と記号、反省について

K5（I巻、一―三―一、岩波文庫一巻一八三頁）、概念・ざりがに・ヒエロニムスについて
K6（I巻、二―四―三、岩波文庫一巻二九三頁）、労働力の商品化について
K7（I巻、三―五―一、岩波文庫二巻一三頁）、技術と理性の狡智について
K8（I巻、三―八―五、岩波文庫二巻一四九頁）、少年労働の言い訳について
K9（I巻、三―九、岩波文庫二巻二二五頁）、量から質へ度量の概念について
K10（I巻、四―一二―五、岩波文庫二巻三一五頁）、分業、人間分裂、教養について
K11（I巻、七―二二―二、岩波文庫三巻一三八頁）、資本家の純粋自己消費と投資、自然的農業と経営的農業について
K12（I巻、七―二二―三、岩波文庫三巻一五三頁）、矛盾についてのミルへの批判について
K13（III巻、一―二、岩波文庫六巻七三頁）、自己内反省について
K14（III巻、六―三七、岩波文庫八巻一一頁）、ヘーゲル所有論について
K15（III巻、六―四六、岩波文庫八巻二七六頁）、数的表現の不合理性

二　ヘーゲルは観念論、マルクスは唯物論

私の弁証法的方法は、根本的にヘーゲルの弁証法的方法とは違っているだけではなく、正反対である。ヘーゲルにとっては、彼が理念という名のもとに一つの独立な主体にさえ転化させている思考過程が現実的なものの造形者（デミウルグ Demiurg）であって、現実的なものはただその外的現象にすぎない。私の場合は反対に、理念的なものは、物質的なものが人間の頭のなかで転換され翻訳されたものにほかならないのである。（新MEGA版I-25ff『資本論』第二版後記）

これはもっとも有名な箇所だが「私の弁証法的方法は根本的にヘーゲルの弁証法的方法と違っているだけではなくて、正反対である」という言葉で、マルクスは唯物弁証法というコンセプトを確立したと言われている。「ヘーゲルにとっては、彼が理念という名のもとに、一つの独立な主体でさえ変化させていく思考過程が現実的なもののデミウルグ（Demiurg）であって、現実的なものはただその外的現象にすぎないが、私の場合は反対だ」と言っている。この文章をよりどころに「ヘー

ゲルとマルクスは弁証法を共有しているけれども、ヘーゲルは観念論で、マルクスは唯物論だ」という解釈が作られていた。

日本語の翻訳を見て驚いた。この文章でデミウルグ（Demiurg）と書いてあるところが、大月書店の翻訳でみると、「思考過程が現実的なものの創造者だ」と書いてある。岩波文庫では「造物主」と訳していて、ここには間違いがない。

西洋哲学史の授業を聞いたことがある人は良く知っていると思う。キリスト教的な神様は無から世界を作った「創造者」である。世界の材料（物質・質料）もその形（形相）も神様が創り出した。ギリシアの神様は、材料はもうすでにできあがっているものをあとから作り変えた。だから工作者であり、造形者である。だから神についてのまったく反対の考え方、質料（材料）そのものも創造したキリスト教・ユダヤ教・イスラム教の神と質料（材料）は創造しないでその形態を変えたギリシア的な神とは明確に違う概念で、マルクスは誤解のないように「ギリシア的な神ですよ」という意味で、わざとデミウルグ（Demiurg）という言葉を選んだのに、日本の翻訳者はまるでキリスト教の神であるかのようにして、「創造者」と訳した。日本の翻訳者たちは「デミウルグ」とカタカナで訳したのでは日本の読者にわからないだろうから、誰にもわかるように、「創造者」と訳そうと決めたのだと思う。せっかくマルクスがデミウルグ（Demiurg）と書いた意図の正反対の翻訳になっている。ヘーゲルの理念が、キリスト教の神に類比的なものであれば、唯物弁証法という概念は成り立たない。ヘーゲルの理念が、ギリシア的な神に類比的であるからこそ、その理念の展開様式である弁証法と唯物論を結合して、唯物弁証法が成り立つ。「デミウルグ」を「創造者」と訳した場合には、この解釈は不可能になる。

三　歴史の観念論

『資本論』(たとえば価値形態論)のなかではマルクスがとても観念論的な表現をする。ヘーゲルとマルクスとどちらが観念論的なのかわからなくなる。「観念的なものは、物質的なものが人間の頭のなかで転換され翻訳されたものにほかならない」という平板な見方では、見分けがつかない。実は、肉体と精神とは根源的に同一であるというスピノザの思想が出たあとでヘーゲルの思想が出ているわけなので、物質と精神の単純な二元論でヘーゲルを切ることにそもそも無理がある。しかし、「唯物論」とか「観念論」とかの枠組みをつかうとなると、どうしても物質と精神の二元論を前提にしておかなくてはならなくなる。そこでヘーゲルの観念性がよくわかる場面に焦点をあててみよう。たとえばヘーゲルの歴史哲学である。

「もっとも普遍的なものを挙げれば、ある国民の特定の風土と、普遍的な種族〔人類〕の教養における国民の時期とが必然性に属する。」（ヘーゲル「自然法論文」ズールカンプ版著作集第二巻、五二一頁、以下同様、松富弘志・国分幸・高橋洋児訳『近代自然法批判』世界書院、一九九五年、一〇〇頁）

この非常に抽象的な言葉が、ヘーゲルの歴史哲学の原型である。東洋、ギリシア、ローマ、西欧等々という風土がある。これを横軸に目盛る。それに対して、国民の教養の段階、さまざまな文明の発達段階がある。ヘーゲルの言葉でもっとも有名な、「東洋では一人の人が自由であり、ギリシア、ローマでは数人の人が自由であり、西欧キリスト教文化のなかではすべての人が自由である」という文章も、独裁制、貴族制、民主制、立憲君主制というような政治形態、文化の形態に対応している。これを縦軸に目盛る。

するとつぎのような世界史像が描き出される。

「民族における自由の認識のちがいについて一般的に、東洋人はひとりが自由だと知るだけであり、ギリシアとローマの世界は特定の人びとが自由だと知り、わたしたちゲルマン人はすべての人間が人間それ自体として自由だと知っている。」（ヘーゲル『歴史哲学講義』長谷川宏訳、岩波文庫、一九九四年、上巻四一頁）

「ゲルマン人」というのは、狭い意味で「ドイツ人」を指すのではなくて、北西ヨーロッパ人（南部の地中海沿岸、東部のスラブを除いたヨーロッパ）を指しているので、これは見事な西欧文化の正当化理論である。

ヘーゲル（一七七〇—一八三一年）の生きていた時代で一番問題になったことはフランス革命と同じような革命が、ドイツでも起こるのかどうかということだった。実際問題としてフランス革命の影響はヨーロッパ各地に広まっていて、ヘーゲル死後の三月革命（一八四八年）のあたりになると、また、凄惨な革命が起こるのではないかということが話題になっていた。ヘーゲルは革命論に対する人々の関心にこたえるために歴史哲学を形作った。まず第一に、フランス革命も人間の自由の自覚の発展なのであって、必然的であり、かつ人間の本質に一致している。だからやみくもに革命を恐怖するのは間違いだ。しかし第二に、細かく見ると、カトリックの国ではまだ、個人の自由の自覚が確立されていないから革命が起こった。プロテスタントの国ではすでに個人の自由の自覚が確立されているから、革命にならない。立憲君主制の国家を整備すればいい。——こういう見方をヘーゲルは打ち出した。

良く見るとそれはおかしい。歴史の神様は、最初は東洋人という馬に乗っている。その次の時代になるとギリシア、ローマ人という馬に乗り換えて、やがてゲルマンの馬に乗り換えて、自由という理念が発展していく。キリスト教ゲルマンの時代になったときに東洋人はどこに行ったか。ヘーゲルの視界では、東洋人のことは知らない。東洋はもはや歴史の理念の実現する場ではなくなっている。ここには歴史過程という実在はない。さまざまな実在を乗り換えていく理念だけが存在している。

いる。

マルクスの見方は違う。東洋社会もまた資本主義社会に先行する諸形態と言う過程をたどって、それが資本主義社会に到達し、さらに社会主義に到達する。すべての社会が未発達の段階から発達した段階に、内在的ななんらかの論理をつうじて発展するというイメージはヘーゲルの歴史哲学にはない。ヘーゲルの歴史哲学は、歴史の神様、歴史の精神である自由というものが、諸民族を乗り換えてつながっていく。これは現実的なものの発展ではなくて、自由の理念についての説明であって、歴史の実在は問題にされていない。マルクスはこのヘーゲルの歴史像をばねにして、資本主義に先行する諸形態という考え方を、歴史を見る基本的な視点として導入していった。

四　本質上批判的・革命的

その合理的な姿では、弁証法は、ブルジョアジーやその空論的代弁者たちにとって腹だたしいものであり、恐ろしいものである。なぜならば、それは、現状の肯定的理解のうちに同時にまたその否定、その必然的没落の理解を含み、いっさいの生成した形態を運動の流れのなかでとらえ、したがってまたその過ぎ去る面からとらえ、何物かによって作られた印象（sich durch nichts imponieren läßt）ではなく、その本質的に批判的であり革命的であるからである。（『資本論』第二版後記）

ここでは「インポニーレン」（imponieren 印象を創り出す）がキイワードである。

マルクスにとって歴史の未来像というのはどういうものだったか。歴史それ自体が革命性をもっている。歴史の現実そのものが、内在する階層を実現する形で変化していく。そういう変化を捉える方法が、「弁証法」であった。

「弁証法は、本質的に批判的であり、革命である」と言うのだが、他の何ものかによっても印象が創り出されるのではないと言っている。すると、「ヘーゲルの弁証法は複数の外在的な要因を統合することによって、あたかもそこに一つの原因が作用しているかのような印象が創り出された結果なのだ」と主張していることになる。

ヘーゲルの理念は、東洋の専制政治、ギリシア・ローマの貴族政治、ゲルマンの立憲君主制という多様な要因が、自由の理念の自己展開として説明されるということを表わしている。実在的、内在的な変化を表現しているのではなくて、あたかも東洋、ギリシア・ローマ、ゲルマンの政治形態を連続的な、同一存在の変化であるかのように描いたときに、一つの原因が作用しているものとして創り出された印象なのである。

例えば、アダム・スミスには「見えざる手」という表現がある。この表現の秘密はアダム・スミスの「天文学史」のなかに見えてくる。近代物理学が確立されるまでは、原因は、すべてその存在に内在する要因（内在因）だと理解されていた。それに対して、近代物理学で原因というのは、玉突き衝突型で、外からくわえられた力が原因になる。ここに原因というものの見方の転換がある。しかし社会科学が成立したときに果たして、原因というものをすべて外在因ということで説明できるかどうかは問題として残る。社会というものはそれ自身のなかに原因をもっているという意味で近代の力学的世界が否定した内在因という考え方を復活させなければいけないのではないか。そういう意味で原因論の重大な岐路にスミスだけでなく、ヘーゲルもマルクスも立っていた。マルクスは内在因論の復権を期待して、弁証法という方法概念を創り出して、この「何ものによっても印象を創り出されることなく」という言葉をいれた。

「見えざる手」それ自体は実在しない。市場にいる多数の行為者の自己利益を追求する行為の全体が、「あたかもそこに一つの原因があるかのような印象を創り出す」それが、「見えざる手」である。その意味では、「見えざる手」はヘーゲルの理念と同じように「創り出された印象」である。マルクスは「見えざる手」のもたらす調和（均衡）が実は内在的な崩壊の原因を含むという分析を『資本論』に示す。

ヨーロッパの文献のなかで、神の名前が比喩的に使われた場合に、その神はおおむねホメロスの世界の神で、聖書の世界の神でない。アダム・スミスの「見えざる手」と言うのはホメロスの世界を想定した表現である。人間が地上で戦争だとか平和だとか騒いでいると、神々は上から眺めていて、「そろそろ平和にしてやるか」とか考えている。それが神の「見えざる手」である。

五　ヘーゲル弁証法の「神秘的な側面」

マルクスのヘーゲル弁証法についての言葉を『資本論』第二版後記から拾い集めると、日本語訳で「神秘的」と訳されている言葉が、何度か出てくる。

ヘーゲルの弁証法の神秘的な面（die mystifizierende Seite）を私は三〇年ほどまえに、弁証法がまだ時代の様相であったときに批判した。

弁証法がヘーゲルの手のなかで受けた神秘化（Die Mystifikation, welche die Dialektik in Hegels Händen erleidet）は、彼が弁証法の一般的な諸運動形態をはじめて包括的で意識的な仕方で述べたということを、けっして妨げるものではない。

その神秘化された形態で（In ihrer mystifizierten Form）、弁証法はドイツのはやりもの（Mode）になった。

ヘーゲルの弁証法の「神秘的な面」を三〇年ほど前に、それがまだ流行していたときに批判したと読めそうに見える。そこで弁証法の神秘化とは、弁証法の観念論化であるという解釈がたしかにある。本当にマルクスはヘーゲルの弁証法が神秘的だと言っていたのか。

ここの訳語に使われている「神秘的」とは「宗教的」という意味ではない。この世に実在しない精霊、絶対精神、理念が、世界を支配するというヘーゲル主義は、本質的にキリスト教の「神秘」と同一の思想であると、マルクスは語りたいのではない。

ヘーゲルの宗教観は次のどれにもっとも近いか。有神論（theism：神は世界の外）か、理神論（deism：神は理性）か、汎神論（pantheism：神＝世界）か、無神論（atheism：神は空想）か。「神は理性である」という思想が、ヘーゲルの宗教観の根幹にあるものである。理性に絶対者として認識される絶対精神の人格的な比喩が、ヘーゲルの神である。無神論ではないが、「神秘性の欠如」こそヘーゲルの宗教観の特徴である。
それをマルクスが誤解して、ヘーゲル哲学に「神秘的」というレッテルを貼り付けたのではない。ここに出てくる「神秘化する」(mystifizieren)を字引で引くと、「一、神秘化する。二、神秘のヴェールをかぶせる。三、騙す。四。迷わせる。五、煙に巻く」という訳語が出てくる。いい意味では使われない言葉である。正解を言うと「四、迷わせる、五、煙に巻く」というのが、マルクスが使った意味である。

ヘーゲルは、キリスト教擁護者のようにも見えるがキリスト教批判者のようにも見える、人を迷わせるような側面がある。宗教批判=ヘーゲル批判という立場をとると、そのヘーゲル批判の立場そのものが、実はヘーゲル主義と変わらないことが明らかになる。当時、有名なヘーゲル批判者だったバウアー派は、ヘーゲルに惑わされている。バウアー派を批判するだけでなく、バウアー派を惑わしたヘーゲルそのものを批判する視点こそ重要だ。バウアーには、そこまで踏み込んだヘーゲル批判が欠けていると、マルクスは言いたかった。「神秘化された側面」を正しく訳せば、「人を惑わす側面」とか、「紛らわしい側面」ということである。

六　ヘーゲルは弁証法主義者であるか

マルクスは「ヘーゲルも弁証法、私も弁証法、ヘーゲルは観念論、私は唯物論の立場だ」と言ったわけだが、「唯物論にも観念論にも共通な弁証法という概念が成り立つはずがないのではないか」という疑問にマルクスは答えられるのだろうか。

「弁証法」という言葉にはいままでいろいろ誤解があった。ヘーゲルの弁証法は正反合の弁証法であるとよく教科書に書いてあるが、正反合という用語例がヘーゲルの書いたもののなかに一つも存在しないということは、京都大学の酒井修教授が証明しており、世界的にも認められている。日本を代表する哲学者の九鬼周造は、ヘーゲルが至るところで「正反合」を繰り返したかのような皮肉を詩にしているが、彼がヘーゲルのテキストを読まなかったということの証拠になる。

ヘーゲルの方法論が弁証法であるということを、多くの人々がまだ信じている。マルクスはボンのお父さんの所からベルリンに留学して、お父さんに「私は毎日毎日ヘーゲルの本を読んでいる」と手紙を書いている。そのとき、すでに「ヘーゲルの方法は弁証法である」という理解は、ヨーロッパでは定着したものの見方だった。しかし、ヘーゲル自身は、「私の基本的な方法は思弁的であって、その思弁的なもののひとつの側面が弁証法である」と言っている。

ヘーゲルの講義録など弟子が書き加えた部分を除いて、自筆の著作で「弁証法」という用語の使用例は少ない。（以下、アカデミー版はGW、哲学叢書版はPHB、ズールカンプ版はSkと略記する）

『自然法の学的取扱いについて』（GW4, Sk2）一例
『人倫の体系』（GW5, PHB144a）一例
『論理学・形而上学・自然哲学』（GW7, PHB332）一三例
『自然哲学と精神哲学』（俗称『実在哲学II』GW8, PHB333）一例
『精神現象学』（GW9, Sk3）二一例
『哲学的プロペドイティーク』（Sk4）一六例
『論理学』（大論理学前半、Sk5）三七例
『論理学』（大論理学後半、Sk6）五〇例
『ハイデルベルク・エンツュクロペディ』三六例
『法哲学』（Sk7）（補遺を除く）一四例
『エンツュクロペディ、論理学』（Sk8）（補遺を除く）二六例
『エンツュクロペディ、自然哲学』（Sk9）（補遺を除く）五例

『エンツュクロペディ、精神哲学』（Sk10）（補遺を除く）六例
『ベルリン期著作集』（Sk11）二五例
ヘーゲルの自筆全著作における「弁証法」の用例は二六三例

ヘーゲルは自筆の著作のなかで弁証法という言葉をほとんど使っていない。ヘーゲルの本のなかでは『精神現象学』は全部自分で書いた。ところが『歴史哲学』はヘーゲルの自筆の著作ではない。ヘーゲルの『美学』は、世界の美学書のなかでもっとも優れたものと言われるぐらい立派な著作で、日本の翻訳もまた世界最高の翻訳と言われているが、ヘーゲルの自筆の著作ではない。美学の講義を聞いた学生のノートが残っていて、それをヘーゲルの弟子が編集したものである。ヘーゲルの『小論理学』のように、ところどころに「補遺」という見出しがあって、そこに弟子の編纂した言葉が挟まっているという例もある。

ヘーゲルの全集を最初に刊行した弟子たちには、「ヘーゲルは巨大な著作、二〇巻にわたる全集を残した」という印象を創り出すために、ページ数を増やしたいという要求があった。ヘーゲル未亡人が生活に困っていて、その当時、印税がページ数比例で払われていたということも事実である。現代のヘーゲル研究では、ヘーゲルの聴講生のノートと、ヘーゲル自筆のテキストは一緒にしないで出版するという方針になっている。

自筆ではない「補遺」を除くと、ヘーゲルのすべての実質的テキスト中で、弁証法という言葉は二六三回しか出てこない。たとえばカントの『純粋理性批判』では六〇〇ページほどの著作のなかで「アプリオリ」、「アポステリオリ」という言葉のどちらかを一回として数えると一二〇〇回ほど出てくる。ヘーゲルは全著作のなかで名詞形、形容詞形などすべての語形をふくめて二六三回しか弁証法という言葉を使っていない。このことは「弁証法」が、ヘーゲル哲学のなかで、厳密な意味では、基本的な方法的原理として扱われていないということを表わしている。

ヘーゲルの場合には軽い付随的な意味だった「弁証法」が、マルクスでは存在する歴史の必然的な論理であるかのように誤解されてしまった。こうした哲学の外側の図式的側面とは違った実質的な思想内容として、ヘーゲルからマルクスが学んだものがある。それは労働と時間の関係である。

七　労働の時間制限

しばしば「労働力の商品化」という概念がマルクス思想の核心であると言われる。「労働力の商品化」についての『資本論』の記述は、ヘーゲルの『法哲学』の労働論が下敷きになっている。マルクス『資本論』については、「およそ世界の名著のなかであれぐらい他人の悪口が書いてある本はない」という評価があるが、「労働力の商品化」についてはマルクスはヘーゲルに近づきすぎたのではないかと思う。マルクスは「労働力の所持者が労働力を商品として売るためには、彼は労働力を処分することができなければならない。したがって、彼の労働能力、彼の一身（Person）の自由な所持者でなければならない」（Damit ihr Besitzer sie als Ware verkaufe, muß er über sie verfügen können, also freier Eigentümer seines Arbeitsvermögens, seiner Person sein.）と言う。

もしもつぎのように言えば、まったく当然のことを述べていることになる。「リンゴの所持者がリンゴを商品として売るためには、彼はリンゴを自由に処分することができなければならない。したがって、彼のリンゴ、彼の財産の自由な所持者でなければならない」という文章である。ところが労働力の場合には、「彼は自分の人格の自由な所有者でなければならない」という表現になる。

一般的に法律の世界は、「人格（Person）は物件（Sache）を所有する。所有するとはその物件を自由に処分する権利である」という構造で成り立っている。人格（Person）の一般的な特徴は、身体がいくら変化しても同一であることである。私が二〇歳の私の身体を所有している。私が三〇歳の私の身体を所有している。物件（この場合は身体）がいくら変化しても、私は同一である。この私（人格）は、つねに所有の主体であって、所有の客体ではない。ところが「労働力」は、私の人格の一部であるから、労働力を売るためには、私は人格を所有しなくてはならない。「私が、私の労働力をもつ」ということは「私の人格主体が、私の人格客体をもつ」という意味になるので、人格が主体と客体に分裂し、それが「所有」という関係でつながれることになる。

これは「いかなる条件におかれても不可分の主体である」という人格の特徴と一致しない。だから、「労働力を売ることは、人格の否定であり、人格の尊厳を犯すことになるから、労働力の商品化は許されない」という主張があっても当然である。「人間疎外」と言っても同じことである。

カントは「人間を手段としてのみ使用してはならない」と言う。「人間は主体性として尊重されるべきで、手段として利用することは、人間の尊厳に反する」という思想である。この思想を説明するのにイギリスを代表するカント学者H・J・ペイトンは郵便局の職員の例を出している。

いつも我々は郵便局の職員を手段として用いているが、しかし我々は彼らを単に手段として用いているのではない（we do not use them simply as means）。我々が彼らに期待するものは、彼ら自身の意志に合致しているし、それどころか彼らの義務と合致してさえいると我々は考える。これらのことは、手紙の上に貼る切手や手紙を投函するためのポストに対しては考慮する必要はない。考慮する必要があるのは、事物（things）に関してではなくただ人格（persons）に関してのみである。（杉田聡訳『定言命法』行路社、一九八六年、二四二頁）

カントの思想の解釈として間違ってはいない。郵便局員の人格を尊重するということは、具体的には挨拶を交わす、普通のレベルの丁寧語をつかう（civil）、もちろん暴力は使わないなどの態度を意味している。しかし「人間を手段として使う」が「悪」であり、「人格を尊重する」が「善」であるとしたら、この悪は善によって帳消しにされているのだろうか。それとも紳士的に郵便局員に仕事をしてもらう間でも「悪」であることは止めないのだろうか。カントの理論的な枠組みからすると、「人間を手段として使う」は絶対に善ではありえない。しかし、カントは実際には帳消し論の立場に立っている。しかし、「人間を手段として使う」ことに帳消しはありえないはずなのだ。

ヘーゲルは、カントの理論的弱点を明確に捉えていた。カントの帳消し論は成り立つはずがないから、人格尊重というカントの原則に従えば、奴隷労働も、雇用労働も許されないはずだと考えただろう。そこでヘーゲルは、奴隷労働を禁止し、雇用労働を許容するための理論を提示する。それがヘーゲルの「時間の制限」論法である。

私の特殊的な身体的精神的諸技能（von meinen besonderen, körperlichen und geistigen Geschicklichkeiten）や諸々の活動可能性（Möglichkeiten der Tätigkeit）について、それによって成る個々の生産物と、それの他人による時間的に制限された使用（einen in der Zeit beschränkten Gebrauch von einem anderen）とを私は譲渡する（veräußern）ことができる。

なぜなら、この時間的制限によって（nach dieser Beschränkung）、これらの技能や可能性は私の総体性と普遍性とに対する（zu meiner Totalität und Allgemeinheit）外面的な関係（ein äußerliches Verhältnis）を獲得することになるからである。（ヘーゲル『法の哲学』六七節、上妻精・佐藤康邦・山田忠彰訳、岩波書店、二〇〇〇年、上巻一二五頁、ズールカンプ著作集第七巻、一九七〇年、一四四頁）

要点は、「私の特殊な熟練と活動能力とその成果を他人に譲渡することができるのは、労働時間の制限があるからだ」ということである。工場労働、農業労働、ピアノの演奏、スポーツ活動、作家活動など、熟練と活動能力の種類は何でもいい。活動自体あるいは活動の成果を他人に譲渡しても「自分自身を譲渡する」という人格性の否定にならない理由は、時間の制限があるからだ、時間の制限がなければ奴隷労働だという主張である。

この箇所に講義を聴いた学生のノートからの抜粋が「補遺」として書き込まれている。「ここに分析された区別は、奴隷と今日の奉公人や日雇い労働者との間の区別である。アテーナイの奴隷は、恐らく、一般に、われわれの時代の使用人よりはるかに簡単な仕事やより精神的な労働を与えられていたことであろうが、それでも彼の活動の全範囲が主人に譲渡されていたがために奴隷であった。」（岩波版一二六頁、ズールカンプ著作集第七巻一四五頁）

郵便局員が奴隷でないのは、お客さんが郵便局員の人格を尊重して、紳士的な（civil）態度をとるからではなく、彼が雇用契約と就業規則をもっているからだというのが、ヘーゲル的な説明である。マルクスは、カントを乗り越えていくヘーゲルの理論を、一語一語噛みしめるようにしてつかんでいた。しかし、ヘーゲルのこの雇用労働正当化論がヘーゲル自身の観点から見て正しかったかというと、「量的な制限が実質的な区別になる」という点に問題がある。マルクスはこの点でヘーゲルを批判しても良かった。ヘーゲルは「私の労働力を他人が使用することもそれが量的に制限されている限りにおいてのみ、その労働力は私の人格から区別される」という論理を主張する。ヘーゲルは一般的に量的な規定の変化は、それだけでは本質的な変化とは見なされないという立場を取っている。量的に制限されているから雇用労働は正当化できるという言い方は、ヘーゲルの論理としては弱い。

マルクスは、土地価格問題では、量的な規定が変わっても本質的な変化になるとは限らないという論点をつかっている。(Kapital III-787、土地価格問題) マルクスは、どうして「ヘーゲルは量的な規定では本質的な変化にならないと主張している」と知っているのに、「雇用労働の場合に限って時間の制限をすれば労働力を売っても自己の人格を売ることにならないと言ったのは過ちだ」と批判しなかったのか。そのときマルクスは、すっかりヘーゲルの理論のとりこになっていて、この雇用労働という切り取られた時間の労働のなかに、労働力の再生産に必要な時間とそれを超える剰余労働という時間の問題を読み込もうとする。制限時間論というヘーゲルの枠組みはそのままにして、そこに「剰余労働論」を組み込んでいくという筋道を自分で作ってしまう。

八　ヘーゲルの呪縛

人格の自己決定に外面的な制限や強制が働いていないとか、労働者が就職を拒否する可能性がなくては、労働力の譲渡を自由な譲渡とは言えないはずである。「自由な雇用契約」が現実に成り立つのは、その雇用主に就職することを拒否しても他の雇用主に就職することができるという条件が保証されている場合に限る。つまり、交渉能力が労働者の側にあるかどうかという問題が、ヘーゲルーマルクスの視野には欠けている。アダム・スミスの方が現実的にものを見ていたのではないか。

「地主、農業者、親方製造業者、あるいは商人は、職人を一人も雇用しなくても、既得の貯えで一年や二年は生活できる。雇用されずに一週間生きていける職人は多くないし、ひと月生きていける職人は数少なく、一年間生きていける職人はめったにいない。」（アダム・スミス『国富論』水田洋監訳、杉山忠平訳、岩波文庫、一九五九年、第一巻一二一頁）

「奴隷によってなされる労働は、一見するとその維持のコストだけがかかるように見えるが、結局はどの労働よりも高くつく（the dearest of any）。財産を獲得することのできない人間はできるだけ食べること、できるだけ少なく働くこと以外の関心を持たない。」（第二巻一九九頁）

アダム・スミスは「雇われなければ生きていけない人間と雇わなくても生きていける人間との間の雇用関係というのは純粋に自由な関係ではない」ということを指摘している。このスミスの観点から見てヘーゲルを批判するということもあってよかった。

マルクスは、時間制限論というヘーゲルの論理のペテンに引っかかったままで、その時間制限のなかに、剰余労働という概念が成立し、搾取が成り立つのだと説明する。そして剰余価値の生産とその多様な展開という形で資本主義的な生産・流通の過程が分析される。

問題の淵源は、マルクスのヘーゲルへの没批判的な態度にある。ヘーゲルの論理の読み取り方という点では、マルクス以上の解釈者はいなかったが、マルクスはヘーゲルの論理の外に出られなかった。

ヘーゲルを自己の思索の糧として取り込んだ唯一の哲学者がマルクスである。エンゲルスすら、ヘーゲルを読んではいない。マルクスは、ヘーゲルの骨の随まで読み取っているが、受容と批判の姿勢がばらばらで、そのためにマルクスの思想のもっとも核心的な部分の亀裂を生み出している。

近代哲学の集大成、最高峰というヘーゲル像は、ヘーゲルの哲学史概念からつくり出されたものであるが、ヘーゲル自身がヘーゲル的な哲学史像を裏切っている。ヘーゲルは今日までの研究結果から見れば、近代哲学の集大成でもないし、西洋哲学全体の集約点でもない。しかし、マルクスはその絶頂型のヘーゲル像を認めていた。

マルクスはヘーゲルに依存している限りでスミスを乗り越えることができない。もう一度スミス的な現実感覚の上に立って、スミスを克服する経済学を組み立てなおす必要がある。

第6章　ヘーゲル体系論の四つのモチーフ

ヘーゲルは体系を完成した哲学者だと言われてきた。彼の哲学体系は「エンツュクロペディー」（百科事典）という名称で、論理学、自然哲学、精神哲学という三部構成になっている。そこに現代風に言うと、基礎的な意味論、自然科学、精神科学、社会科学の成果を盛り込んでいる。しかし、実際に書物を手にとって読めばわかるが、学生に講義する前に配布する講義要綱であって、そこには番号をふった断片的な文章が並んでいる。彼が体系書を書いたことはたしかだが、中身は完成していない。前後のつながりは、口頭で説明するというタテマエであるから、文章は当然つながりがない。ヘーゲルは、文章を精密に仕上げるという情熱をもたなかった。彼は、つねに自分の心のなかのイメージ、飛び去っていく観念を追いかけるようにして描いていたが、建築的に構築する思索を厳密な言葉で刻むという書きぶりはしなかった。彼の主著のひとつ『精神現象学』は、イェナの戦火のなかで書かれたために、構成や記述に乱れがあるが、彼の『論理学』は厳密に構築された、必然性の高い思索の跡であるという見方は間違っている。『論理学』も書きなぐりなのだ。ヘーゲルは、ゲーテに宛てた社交的な文書などを除けば、一行も精魂こめて文章を仕上げていない。すべては書きなぐりであり、思いつきの羅列である。彼は非常にたくさんの豊かなアイデアをもっていた。「主人と奴隷」、「承認」、「市民社会」、「権利」、しかし、どのアイデアも完成することはなかった。ヘーゲルに、断片だけを書き残したロマン派の詩人哲学者ノヴァーリスを批判する権利はない。

ヘーゲルのテキストで、哲学的な文学として優れているものは、イェナ期（一八〇一―一八〇八年）の著作である。それ以後は、質的に劣悪化の一途をたどり、平板で形骸化した記述に変わっていく。たとえば大「論理学」の新旧テキストを比較すると、まったく改善の跡が見られない。晩年の『論理学形而上学講義』（Vorlesungen über Logik und Metaphysik, 1817）はわかりやすいが退屈である。ベルリンはヘーゲルの臨終の地ではあっても、ベルリン期は思想の完成期ではない。ヘーゲルの思想に成熟はない（一八一八―一八三一年）はイェナのヘーゲルの拙劣で平板な模倣者だった。ベルリンのヘーゲルい。彼は自分自身の思想的なアイデアを完成しなかったし、ドイツ観念論という視点でみても、近代哲学史という視点で見ても、ヘーゲルで頂点となった思想はない。

ヘーゲルは、哲学の体系について、多くの要求を掲げているが、それらは次の四つのモチーフに分類することができる。一、プロティノス・モチーフ、二、諸学の有機的集合モチーフ、三、モメントの歴史展開モチーフ、四、始原からの線的進展モチーフ。

一　プロティノス・モチーフ

プロティノス・モチーフ（同一性の多義性トラブル）というのは、次のような筋書きである。究極の絶対者は「一者」（根源的同一性）であり、これに反省・意識化作用が加わることによって、主観と客観の分裂が発生するが、反省・意識化作用の否定によって、根源的同一性が回復される。この筋書きは、ヘーゲルがプロティノス（二〇五—二七〇年）、プロクロス（四一二—四八五年）などの新プラトン派の思想から取ってきたものである。

ヘーゲルはカント的な主観と客観の分裂に対しては、正しい解決の方向（出口）を示している。解決の方向（出口）はスピノザ哲学というよりはむしろプロティノス哲学である。

ヘーゲルと新プラトン派との関係を永年にわたって研究してきたバイアーヴァルテス（Werner Beierwaltes, 1931-）は、『プラトン主義と観念論』（一九七二年）では「ヘーゲルはドイツの、キリスト教のアリストテレスではない。彼はドイツのプロクロスである」（Platonismus und Idealismus, Vittorio Klostermann, 1972, S. 187）と述べて、ヘーゲル＝プロクロス説を唱えた。しかし『統一の自己認識と経験』（一九九一年）では、プロティノスとヘーゲルとの真理観の一致を印象深く語っている。「プロティノスの考察は、存在の時間から自由な自己反省が自己に一致するという真理概念を目指している。すなわち思惟の自己自身の存在への絶対的な自己関係を目指している。……絶対的な自己自身との一致というプロティノスの真理概念は、キリスト教の化体（Transformation）とも、ヘーゲルの真理概念とも、事柄の連関としては、一つだと見なすことができる。〔ヘーゲルの〕『精神現象学』の序文（Vorrede）にある『真理は全体である。全体とは、しかしその展開を通じて自己を完成するものである』という命題は、論理学の真理構造の記述と見なすこともできる。」（Selbsterkenntnis und Erfahrung der Einheit, Vittorio Klostermann, 1991, S. 198f.）

カントの哲学は、一方の岸に主観があって、他方の岸に客観があるとき、どうやって両岸に橋を架けるかという橋かけ問題の形をとっていた。ヘーゲルの体系は、始原となる一者から、主観と客観の対立の相のなかで自己を維持する一者への展開、対立から統一の回復へという展開過程となる。一者から二者へ、二者から一者への変身という形に哲学問題を組み替えた。この体系では、変身以前の「究極の一者」と変身の結果である「対立する者の同一という一者」等、「一者」の概念の多義性が発生する。「一者」という概念を哲学的に確立したのは、ギリシアのパルメニデス（BC五一五頃—BC四五〇年頃）である。存在は「不生、不滅、不変不動、均等一様で唯一の完全充実体」であると主張した。パルメニデスの存在概念を背景におくなら、「究極の一者」に関して、多義性や変容が許容されることはありえない。ヘーゲルは、「究極の一者」の変身の可能性について、存在論的に究明したわけではない。この究明の欠如が、ヘーゲルの論述を形式的な型として印象づけているが、その変身の型がいわゆる「弁証法」である。

一つのものが二つのものになり、その二つのものがふたたび一つのものになるという筋書きは、存在論的なスキャンダルを引き起こさないわけにはいかない。まるで一人の人が、いったん二重人格者（ドッペルゲンガー）になって、また根源的単一性を回復するかのようだ。

シェリングとヘーゲルは架橋問題から変身問題への哲学のパラダイム変換を達成した。古いパラダイムのもとでは、哲学的な主要問題は、相互に彼岸的な主観と客観の間の架橋はどうすれば可能かであった。新しいパラダイムのもとでは、根源的一者の変身はどのように記述されるかであった。

この変身には次の三つの段階がある。一、根源的同一性、二、主観と客観の対立＝現象と本質の対立、三、再建された同一性。

ヘーゲルによれば反省哲学（カント、フィヒテ、ヤコービ）はつねに古いパラダイムのなかにいて、そこでは主観と客観の対立、現象と本質との対立が固定的である。つまり架橋問題というパラダイムにとらわれている。これに対して、ヘーゲルの場合、絶対者そのものが、他者関係を含まない根源的な同一性と、他者関係を含みつつ自己同一であるという同一性という、同一性の多義性を含むということになる。ここにシェリングとの発想法の違いが露呈する。

シェリングは変身の過程で根源一者が「同一でありながら不同一である存在」になることは回避しようとした。パルメニデスになるべく忠実であろうとした。そしてシェリングは、根源的な同一者が、その同一性を維持したままで、可塑的に変容するという存在論を描き出した。それはまるで粘土が自ら形を変えていくアニメーションのようである。シェリングの存在論のさまざまな試みはすべて同一者の可塑的な変容であるために、一種の質量的な存在の展開としての自然哲学である。

これに対してヘーゲルは、プロティノス的な「一でありながら、二であるような存在」（岡野利津子『プロティノスの認識論』知泉書館、二〇〇八年、一六〇頁）を許容する。ヘーゲルは、一であるがゆえに二ではありえないパルメニデス的な存在から、一でありながら、二であるようなプロティノス的存在を引き出して、そこから再び、パルメニデス的な存在を樹立するという変身過程を哲学体系として描き出す。

二　諸学の有機的集合モチーフ

諸学の有機的集合モチーフでは、さまざまな学問領域が多様性と統合の有機的全体性を形成する。

ヘーゲルだけでなく、そのほとんどの同時代人、フィヒテもシェリングも、哲学だけが万学の女王として、あらゆる学問の役割分担を定める権限をもつと信じていた。

ヘーゲルの哲学体系では、論理学、自然哲学、精神哲学という大きな枠のなかに、さらにさまざまな下位の学問が配列されている。すべての学問の成果を盛り込んだ「百科全書」と同じ情報量を、有機的な構成のなかに採録しているのが哲学体系であるはずだと、ヘーゲルは信じた。

学問の全体を一つの体系に盛り込むことは、容易な業ではない。学問そのものに、存在の学と当為の学、アプリオリの知とアポステリオリの知などまったく異質なものが含まれるからだ。ヘーゲルは、そうした対立要因の内容に踏み込むことなく、同一原理の自己展開の系列という形式のなかにそのような対立を含んだ諸学問を織り込んだ。

(一) 病態発生論から学問論へ

ヘーゲルが思い描いていたのは、人体がさまざまな臓器から成り立っていながら、全体としては統一しているというイメージである。学問の秩序を有機体という観念で表わすことは、虚偽を病気にたとえる病態発生論的説明のうちに明確に見てとれる。

「自然法論文」より学問の有機的全体性について書かれた文章を引用する。

学問のなかで、個々の原理とそれらの諸システムが、そのように固定化して孤立化したり、それらの原理がそのほかの諸原理に対し干渉〔越境〕したりすることは、哲学によってのみ防止される。というのは部分はその限界を認識しないで、むしろ自分を一つの絶対的な全体として構成する傾向を持たざるをえないからである。しかし哲学は全体の理念のなかにあって諸部分を越えているからである。諸部分を越えていることによって（dadurch）哲学は、部分がみずからを限りなく些細なものに細分化して増殖しないように各部分をその限界のなかに留めておく。それと同時に、哲学は、理念そのものの高さによって、部分がみずからを限りなく些細なものに細分化して増殖しないように防止する。（ヘーゲル「自然法論文」原書一八〇二年、ズールカンプ版著作集第二巻、五一九頁、松富・国分・高橋訳『近代自然法批判』世界書院、九八頁、Knox 英訳 "Natural Low," University of Pennsilvania Press, p. 124）

学問の全体的な見取り図を作るという試みは、近代ではフランシス・ベーコン（Francis Bacon）から始まって、ダランベール（d'Alembert）やディドロ（Diderot）などの「百科全書派」が行なっていた。ところが、「百科全書派」による諸学の関係についてのさまざまな論争は、ヘーゲルなどドイツの哲学者たちには受け止められなかった。ドイツの哲学者たちは、自分たちは有機体モデルを使うから、「百科全書派」のような内容のない知識の寄せ集めよりは、よい物ができるに決まっていると信じ込んでいた。ディドロは、事実と実用を重視して、体系を軽蔑していた。ドイツ観念論の哲学者たちは、学問論を体系と方法というレベルでしか捉えなかった。

ここにヨーロッパ思想の現代にまで至る、経験と実用vs体系と方法という対立が芽生えていた。ヘーゲルの学問論の特徴は、フィヒテやシェリング以上に構造的な特質として諸学の関係という局面に特有の有機体モデルを持ち込んだことである。とくに重要なのは、真理と人倫と論理に関する病態発生論的な観念である。

現代では、「バイ菌が原因になって病態が発生する」という考え方（病原体説）が常識になっている。もっと詳しく言えば、バイ菌などが原因となる外因性の病気、生まれつきの異常による遺伝的な病気、老化による不均等な劣化が引き起こす病気という三種類に病気は分類される。ヘーゲルの時代には「バイ菌が原因になって病態が発生する」という考え方はまったく認められていなかった。主流となっていたのは、さまざまな臓器が全体のバランスを破って増殖すると病気になるという病態発生論だった。

（二）病態発生論から人倫へ

病気の発生と犯罪や内乱の発生とは、同じ構造で理解される。「自然法論文」から病態の発生機序について引用する。

病気と死の始まるのは、次のようなときである。一部分が自分自身を組織し、全体の支配を拒むとき。そしてこうした個別化によって全体を否定的に触発するか、それどころかこの〔特定の〕勢位のためにだけ自分を組織するように全体を強制するときである。それはちょうど全体に服従する内臓の生命力が自分を独自の動物にまで作り上げるようなものである。あるいは肝臓が自分を支配的な器官に仕立てて、有機組織全体を肝臓のために働くように強制するようなものである。同様に人倫の全般的な体系のなかでは次のようなことが起こる。例えば占有と所有にかかわる市民法（民法）の原理と体系がこのようにそれ自身に没頭することが起こる。そして迷い込んだ広い世間のなかで、自分をそれ自体で存在し、無制約的かつ絶対的であるところの一つの統合〔された全体〕であると考えることが起こる。（ヘーゲル「自然法論文」ズールカンプ版著作集第二巻、五一七頁、前掲邦訳、九六頁、Knox 英訳、一二三頁）

国家の病気は内乱であり、分裂であるという観点は、もちろんプラトンに由来する。（『パイドン』66C、『国家』440E, 559Ef、『ソフィスト』228B、『法律』744D）

このプラトンの思想を、ヘーゲルは同時代の主要な潮流であった病態発生論 Pathogenie で裏づけた結果、観念論（Idealismus）という概念そのものに、フィヒテ的な自我論とはまったく異なる性質を与えることになった。

（三） 病態発生論から国家の観念論へ

病態発生論という観念によって、観念論（イデアリスムス）という概念は、個と全体、個人と国家の間の関係の原理へと変容した。『法の哲学』から主権を構成する観念論について引用する。

主権を構成する観念論は次のような規定である。その規定によれば動物の有機体では、そのいわゆる部分は〔ばらばらの〕部分ではなく、肢体・有機的な契機である。その肢体が分離されて一人立ちをすれば病気である。この同じ原理が意志の抽象的な概念においては自分自身に関係する否定性として登場する。それによって〔この同じ原理が〕自分を個別性へむけて規定する普遍性として現われる。この普遍性のなかではあらゆる特殊性と規定性が止揚されて〔骨抜きになって〕しまう。この規定が絶対的な、自己自身を規定する根拠となる。この規定をつかまえようとするのなら、ひとは実体と概念の本当の主体性であるものの何であるかを心に銘記していなくてはならない。（ヘーゲル『法の哲学』二七八節、ズールカンプ版著作集第七巻、一九七〇年、四四三頁、上妻精・佐藤康邦・山田忠彰訳、岩波書店、二〇〇一年、四八〇頁）

要するに、観念論とは、個体が実体ではないという教義になった。「政治的国家の根本規定はその諸契機の観念性としての実体的統一である。」（同前、二七六節、ズールカンプ版著作集第七巻、四四一頁）国家の諸勢力も、国家の諸業務も、単独では機能しない、特殊的な契機である。単独の臓器や肢体が有機体のなかで機能しないのと同様である。実体は、諸契機が単独では観念的で非実在的である限りで、それら諸契機の統一である。

（四）病態発生論から論理学へ

この有機体モデルは、存在するすべてのものの基本的な論理構造にまで展開される。病態発生学の基本的なモティーフは、個別的な器官が自己を誤って全体だと認識し、自動的に増殖を続行させせると、病気が始まるということである。まるで、すべての病気がガンであるかのような説明である。もしもある知的領域が自己を誤って全体であると認識するなら、そこに虚偽が発生する。もしも個別的な人物や集団が誤って自己を全体であると認識して、なんらかの行為を行なうなら、そのとき犯罪が発生する。観念論は、あらゆる部分にそれが部分であるにすぎない、全体ではないことを教える強力な教師である。観念論とは、イデアが統合の核であるということである。

『論理学・形而上学・自然哲学』（一八〇四―一八〇五年）から概念の統合について引用する。「概念が自らの実在性のうちにおいて自身で一つの他のものになるというこれまでの進行、そしてこのことによって概念が統合それ自体として、あるいは自己のうちへと反省されたものとして、一つの他の圏のうちへと移行するというこれまでの進行は、ここで停止する。〔その結果として成立した〕統合は絶対的な統合である。何故なら全ての規定性が自己を止揚してしまっており、あるいは絶対的普遍性それ自体であるからである。」（GW7-165, PHB332-174, 田辺振太郎監訳『論理学・形而上学』未來社、一九八九年、三一四頁）

要するに、認識はどこかで判断を下して「これはXだ」という断定に達する。認識の最初の概念は「これ」、「ここ」、「いま」であったかもしれない。そうした概念の運動が「これは食塩だ」とか「これは金属だ」とかの判断で停止する。しかし「食塩」というのは、「ナトリウム塩」というような「別のカテゴリー」（一つの他の圏）に帰属している。そのカテゴリーは、「存在」を超えて「本質」の次元、「感覚」を超えて「悟性」の次元にまでつながっている。

認識が「これは食塩だ」という判断で立ち止まるとき、ここで「全ての規定性が自己を止揚してしまった」と言われる。「食塩」という概念は「白い」「からい」「水に溶ける」「電解質である」という多数の述語をもっている。これらの規定性はそのこれら諸規定に単独で存立する質を与えていた独立性を断念して、中心となる食塩という概念の属性となる。このようにして、すべての規定性を支配し従属させる普遍概念が、「絶対的」なのである。

概念は国家や帝国に譬えられる。「食塩」帝国には「白い」「からい」「水に溶ける」「電解質である」というようなたくさんの属領がある。それぞれの領域が自分の独立性を放棄して、「食塩」帝国の「絶対的な」主権が確立される。ヘーゲルの「絶対的」という概念は「絶対主権」とか「絶対王政」という表現に似ている。

多様が統一に収斂する。統一が多様に放射する。(スピノザの用語では"ostendere")この二つのそっくりの形をしていて逆向きの過程をヘーゲルは彼の論理的な著作でさまざまな比喩をもちいて描き出している。

一般的に彼は、有機体のモデルから理解した論理もどきの比喩を描いているにすぎない。

ヘーゲルは、実際は、当時の自然科学の素材から有機体のモデルを借用してきた。それなのに彼は精神は言葉の本来の意味で自然よりも有機的だと信じた。そして理念そのものが特殊な内的な構造をもっていて、その構造のおかげで自然物は「有機的」でありうるのだという理論を組み立てる。したがってヘーゲルによれば、理念は本来的に有機的であり、自然は二次的に有機的である。彼は、決して「自分は有機体をモデルにして、すべてものの論理構造を描き出しました」などと告白しない。自然物としての有機体は、ヘーゲルの考えた論理構造に不完全に一致すると言うのだ。

三　モメントの歴史展開モチーフ（時代区分トラブル）

究極の理念は多様な契機を本来的にもっているが、その理念はそれらの契機を時間とか風土とかにしたがって現実化しなくてはならない。芸術のジャンルも、美の理念も、詩（文学）として、絵画として、音楽として展開される。しかし、歴史的多様性が理念の論理的な契機にすぎないのであれば、時間性そのものは説明がつかなくなる。時間性そのものは理念の外的・偶然的な環境として扱われざるをえない。

「自然法論文」から、ヘーゲル的歴史性の原型を示す文章を引用する。

もっとも普遍的なものを挙げれば、ある国民の特定の風土と、普遍的な種族〔人類〕の教養におけるこの国民の時期とが必然性に属する。そして長く伸びた必然性の鎖のうちのただ一つの環がこの国民の現在に属する。この環は第一の側面では地理によって把握され、他方の側面では歴史によって把握される。（ヘーゲル「自然法論文」ズールカンプ版著作集第二巻五二一頁、前掲邦訳一〇〇頁、Knox 英訳一二六頁）

風土・地理という縦の座標には、東洋、ギリシア・ローマ、さらにヨーロッパという言葉が刻まれている。教養・歴史という横の座標のなかには、古い時代、中間の時代、新しい時代という言葉が刻まれている。その座標のなかに長い鎖が描かれているが、その最初の環には「一人が自由」と書かれている。つぎの環には「少数が自由である」と書かれている。最後の環には「すべての人間が自由である」と書かれている。

同じ座標の構造で、芸術のジャンルと歴史の説明がなされる。風土・地理という縦の座標にエジプト、ギリシア、西欧という言葉を刻み、横の座標のなかに象徴的芸術（建築）、古典的芸術（彫刻）、ロマン的芸術（絵画、音楽、文学）という言葉を刻めば、美学の座標ができあがる。『精神現象学』の最後の場面にヘーゲルは、歴史野外劇の行列の場面をえがいている。歴史に登場するすべての人物が時代順にならぶ。

『精神現象学』からページェントの思想を示す文章を引用する。

この精神の生成が表現しているのは、もろもろの精神のゆっくりとした行列運動（ページェント）、さまざまの人物像をならべた画廊である。（中略）このような仕方でさまざまな『精神の国』が現存在のうちで形成されたのであるが、これらの『精神の国』はページェントを形づくり、そうしてこのページェントにおいては、ひとつの精神が他の精神にとって代わり、これと交代し、また各々の精神が先立つ精神から世界という国を受け継いでいく。このページェントの目標地点は、深底の啓示である。この深底は、絶対的な概念である。〔ページェントの〕目標地点は『絶対的な知』である。（ズールカンプ版著作集第三巻五九〇頁、GW9-433）

歴史の理念（自由）は、風土と時代に展開されて実現する。芸術の理念は、風土と時代と芸術ジャンルに展開されて実現する。同じように宗教の歴史も展開されるだろうし、哲学の歴史も展開されるだろう。座標のなかに書き込まれる鎖を仮装人物のページェントだと考えてみよう。

ヘーゲルにとっては、論理的なものと歴史的なものは同一である。そこで歴史的なものはただ理念の外化された諸契機としてのみ現象するが、しかし歴史的なものは想起（内面化）の軌跡を示してもいる。たとえばギリシア文化は想起（内面化）を通じて、その想起（内面化）によって古い文化の自然的な偶然性を止揚されて、キリスト教文化へと手渡されている。
もしも歴史の経過が同時に内面化でもあるなら、あらゆる歴史的な人物は最後の人物像のなかに内面化されている。これが「絶対知である」とヘーゲルは言う。

歴史相対主義は見事に克服されて、ヘーゲルが「懐疑主義論文」で示した不安は解消されているように見える。なぜなら、あらゆる時代ごとに「歴史の終わり」が存在し、時代ごとに「絶対的な知」が成立することになるからである。

実は、これは新しい相対主義への出発にほかならない。なぜならあらゆる時代の終わりに「歴史の終わり」すなわち「絶対的な知」が存在するからである。歴史には、新しい絶対者が次々に登場しなければならなくなる。

四　始原からの線的進展モチーフ

ヘーゲルの体系では、絶対者の全次元にわたる存在の仕方が、単一の始源から始まるリニアーな展開過程で導出されなくてはならない。たとえば論理から自然へ移行する、等々の移行について、その移行の必然性が根拠をもたないとか疑問視されるとかいうことがある。

歴史の人物の行列の到達点・絶対者を神だとしよう。そして、神の存在証明という形で神の認識が得られるとしよう。すると、証明の無限系列のなかの最終的な項が神だということになる。すると神が、証明の鎖の一つになってしまう。

鎖の一つの環は、他の環に拘束された存在であって、絶対的ではない。すると、鎖という媒介を通じて直接的なものに到達すること、相対的なものを通じて絶対的なものに到達することは不可能である。このようにヤコビは神の存在証明のあらゆる形式を批判した。

ヤコビに対するヘーゲルの批判は、「あなたは媒介の意味について、誤解しています。神そのものが媒介を自己内にもっているのです」というものであった。

ヘーゲルは、その哲学の全体的なテキストにおいて、このようなばらばらのモチーフを、一見、堅固な脈略のなかで正当化するかのように記述している。しかし、次のような問いに答えるべき哲学的営為が欠けている。すなわち、一、絶対者の存在論的な規定は確定可能か。二、諸学に対して哲学は「女王」でありうるのか。三、歴史性と論理性は一致すべきなのか。四、哲学の叙述が始原と終わりをもつことは本質的であるのか。こういう問題に対する答えを、ヘーゲルは実は用意していない。

ヘーゲルには体系を完成する可能性がなかった。自己の体系についての、さまざまなイメージを思いつくままに語り続けていた。すべての学問を有機的に体系化したはずの「哲学的百科事典」の表面的な整合性を作ることができないばかりか、ヘーゲルは、自然科学の素材の増大の行きつく先を予見することなどできるはずがなかった。たとえヘーゲルが体系の記述を完成したとしても、それは根源一者が自己を対立のなかで変容させて、そこから統一を回復するという物語を、巧みに描き出すという意味にしかならない。それはせいぜい「上出来の」ファンタジーではあろう。

さまざまな学問は、歴史的にはまったく異なる事情から生まれて、今日に至っている。それらが「哲学的百科事典」に統合され、単一の原理から導出されるべきであるとすれば、その理由は何かと問う思索がヘーゲルには欠如している。彼は、ただどのように哲学的記述を展開すれば、まるで単一の原理から諸学問が発生したかのような体系が展開できるかという問題に腐心した。

彼の言葉は、哲学体系について、ヘーゲルが何を望んだかを示しているが、彼がその体系の記述で達成したことを示してはいない。ヘーゲルは体系の夢想家であって、体系の可能性の思索者でも、体系を基礎づける者でもなかった。

第7章　白紙論崩壊とアメリカに登場したヘーゲル主義

二十世紀の九〇年代は、「脳の時代」と呼ばれることがある。

脳の機能原理を求めるため、種々の解剖学的、電気生理学的な神経回路網構造の解析技術、覚醒状態にある動物や人の脳から行動や精神活動と相関のある単一ニューロン信号、脳波、誘発電位、代謝昂進、血流増加などを検出する相関法、ポジトロン・エミッション・トモグラフィ（PET）や脳の局所血流の測定など大がかりな機器が登場してきたのもごく最近のことである。さらにまた神経回路網や神経システムの機能を再現するシミュレーション技術などが発達してきた。いずれもコンピュータが大幅に取り入れられ、技術的な困難の克服に役立ってきた。

（伊東正男『脳とこころを考える』紀伊國屋書店、一九九三年）

生きて働いている脳に関して、脳のどの部分が活動しているかを観察することができるようになった。「心の働きが観察できる」と思うのは早とちりである。被験者が「赤い色が見えます」という言葉を言うと同時に、コンピュータのスクリーンに脳の一部の画像の色の変化が見えるので、その画像の変化と「赤い色が見える」ことを同一の事象であると、判断する。

われわれは、「脳の科学」を発達させる前に、心についてさまざまな記述の仕方を知っている。「覚えているのはたしかだが、いまは想い出せない」とか、「事件の記憶がだんだん薄れていく」とか記述をすると、その記述が他人にも伝わる。心のなかの出来事の記述が、観察可能な事実と同じように伝達される。

九〇年代の脳科学の発達は、十七世紀以来続いていた「英米型の経験論と大陸型の合理論との対立」と言われてきた思想状況を根底から変える条件を生み出している。それは脳科学が、経験論のよりどころとなった白紙説をくつがえすだけでなく、合理論の拠り所となった離存説（精神は身体を離れて働く）をもくつがえすからである。

一　白紙説の成りゆき

そうした心の記述に基づいて、さまざまな哲学的な理論が心について作られてきた。「われわれがこの世に生まれる前には、あの世にいたが、死ぬと再びあの世に帰る」という理論は、証明も反駁もできないが、人間の文化のなかでは非常に大きい役割を果たしてきた。この理論を証明することはできないが、「身体が滅びれば、精神の働きもなくなる」という主張が間違いで、「身体が滅びても、霊魂は不滅だ」という理論に裏づけを与えれば、「あの世」が存在するという理論を信じやすくするだろう。

心は身体のどこに宿るかという理論では、アリストテレスが「心は心臓にやどる」という説を唱えて、ガレノスの「心は脳にやどる」という説と対立していた。デカルトは、当然のように「心は脳にやどる」と考えていた。

このデカルトを批判した人の一人に、J・ロック（一六三二―一七〇四年）がいた。ロックは、人間の心は生まれたときには白紙（white paper）だと言った。

「知性にはいくつかの生得原理（certain innate principles）、ある原生思念（some primary notions）、共通思念（koinai ennoiai）、いわば人の心に捺印された（stamped upon the mind of man）文字があって、霊魂はそもそもの在り始めにこれを受けとって、世に携えてくるというのは、ある人々の間で確立された説である。」（大槻春彦訳『人間知性論』一―二―一、岩波文庫、一九七二年、第一巻四一頁）

ロックに先駆けて教育学者のコメニウスも白紙説を唱えていた。「経験がなければ、われわれの有する悟性は、たとえば文字の書かれない白紙（tabula rasa）のように空虚なものであって、行為したり、話したり、物を認識したりすることもできない。……幼少の頃野獣に捕らえられ、動物の間で育てられたものは、その知力が動物以上の水準に達するものではないということは、幾多の実例によって示されている。……教育は実に万人に対して必要なものである。」（稲富栄次郎訳『大教授学』第六章五・六・七、玉川大学出版部、一九七八年、七六頁）

西欧の哲学は、二つに分かれる。一つは、精神は肉体を離れても知性を働かせると主張する。これを精神は身体から離存することができるという意味で、「離存説」という。その知性は永遠の知性の国から与えられた原理、観念、イデア等と呼ばれる「純粋知」を生まれつき身につけているという立場である。これはプラトンから始まって、プラトンに批判的だったアリストテレスも全面的には否定できないという立場をとった。デカルトも、この文脈ではプラトン主義者に数えられる。カント、ヘーゲルもプラトン主義者である。

もう一つの哲学は、精神は肉体を離れては働きをもたない。心はその持ち主が生まれたときには白紙であって、経験によって、その白紙にさまざまな知識が書き込まれるという白紙説の立場である。イギリスとアメリカの哲学は、この白紙説の圧倒的な影響下に置かれていた。デカルト、カント、ヘーゲルは、哲学史の知識として教えられることはあっても、「人間が経験する前から純粋な知識をもっている」という間違った立場をとっていると見なされてきた。

ところが一九九〇年代の脳研究は、「白紙説が間違いだ」という証明をする結果になった。英米の経験論は、その最大の拠り所を失った。離存説（観念論）も、「身体抜きの精神活動はありえない」という事実を前にその根拠を失ったが、経験論ほどのダメージはない。それはスピノザの影響で心身同一説を観念論の枠組みに入れる努力をしていたからである。

白紙説には、さまざまな派生形態がある。たとえば人間の根源的な平等論、能力の高い人間と低い人間が存在することはたしかであるが、生まれたときにはその心はどちらも白紙であったのだから、能力の差異は教育環境の差異によるという能力平等論。

男女は生まれたときにその心が白紙であったのだから、女が母親としての役割を演じるのは男性中心社会が、母という役割を女性に押しつけた結果であるというフェミニズム理論。

人間は生まれたときに白紙であるのだから、「健康な幼児の養育をまかせてくれたら、どのような専門家にも仕立てて見せる」（ワトソン）という行為主義の人間論。

これらの理論は、今後長い時間をかけて、根本的な変貌を遂げていくことだろう。そうした理論転換のうちで、早々と名乗りを挙げたのは、ハリス『子育ての大誤解』（石田理恵訳、早川書房、二〇〇〇年）とか、ピンカー『人間の本性を考える』（上下巻、山下篤子訳、NHKブックス、二〇〇四年）とかの行動遺伝学者たちである。その原理はつぎの三法則に示される。

第一法則：人間の行動特性はすべて遺伝的である。

第二法則：同じ家庭で育った影響は、遺伝子の影響よりも小さい。

第三法則：複雑な人間の行動特性に見られるばらつきのかなりの部分は、遺伝子や家庭の影響では説明されない。（ピンカー前掲書、上巻一七五頁）

白紙説の崩壊と結びつく、哲学プロパーの領域での変化は、ヘーゲル哲学への熱い関心となって現われている。現代アメリカのヘーゲル主義が、一時的な流行に終わる空騒ぎなのか、それとも、カント以降のヨーロッパ大陸の哲学と英米哲学との不毛な平行関係に終止符が打たれて、西欧の哲学に新しい統合の場が作られることになるのか。私は「今度は本物だ」という直感をもっている。

その理由は、彼ら（セラーズやマクダウェルやブランダム）の語っている「ヘーゲル主義」の内容が、生動的観念一元論とか、ホーリスティックな体系性とかの、通俗的で「大げさな」ヘーゲル像ではなくて、ヘーゲル『精神現象学』における「地道な」直接知批判であり、ヘーゲル主義と接点をもつ英米思想の内容が「センス・データ論批判」にあるということは、同時にヨーロッパ大陸の哲学と英米哲学との共同の論争条件が成立していることを告げているからである。つまり二つの思想的伝統が、同じ土俵で議論することが可能になったのである。

またヨーロッパ大陸の新しい思想家として登場してきたバディウやアガンベンのヘーゲル理解も、ヘーゲルのテキストのなかから直接知批判と等質のものを拾い上げており、英米の思想との対話可能性を示している。

二　センス・データと直接知

水の中へ差し入れられたとき、本当は棒はその形を変えていないと、さしあたり仮定しなくてはならない。そうすると、棒の視覚上の見えのうち少なくとも一方は人を欺くもの（delusive）であるという結論が出てくる。なぜなら、その棒が曲がっていると同時にまっすぐであるということはありえないからである。しかし、われわれが見ているものが物質的事物の本当の性質でない場合でも、われわれは何かを見ていると考えられ、さらにその何かに名前を与えるのが便利だと考えられる。そして、哲学者たちが「感覚所与」という用語を用いるのはこのためで

ある。（エア『経験的知識の基礎』神野慧一郎・中才俊郎・中谷隆雄訳、勁草書房、一九九一年、四頁）

この文章のなかにはなにも誤りがなさそうに見える。見えるとおりの像、聞こえるとおりの音等々のことを「感覚所与」（センス・データ）と呼んで、このセンス・データの組合せから科学的な真理が作られると考えていいと思われる。しかし、このセンス・データに感覚（センス）以外の要素が含まれているかどうかが問題なのである。

セラーズ『経験論と心の哲学』（浜野研三訳、岩波書店、二〇〇六年）には、その問題で先駆的な業績をあげたセラーズの論文と、それへのブランダムの解説とが採録されている。

ところでヘーゲルは、人がまったく知性的な要素が含まれていない直接意識に与えられると普通に信じ込んでいるものも、実は知的な形式によって媒介されていると主張した。「いま」というのは、「いま」と思ったその瞬間の時間を表わしているから、そこには知性的形式が含まれていないように感じられるけれども、実はどの瞬間に対しても使える「いま」という枠組みがあるから、「いま」という直感が成り立つのだとヘーゲルは主張した。つまり、知性のない感覚の存在をヘーゲルは否定した。ところが英米思想が経験を重視する立場にたつ以上は、知性のない感覚与件の存在を認めて、感覚与件の組合せで、知性そのものを吟味するという作戦で臨もうとする。

門脇俊介は、ヘーゲルと根本的に同じ立場に立つマクダウェルの登場が衝撃的であった事情を次のように説明している。感覚と知性の間の「このディレンマを解決するマクダウェルの著名な解答は、信念や思考を構成する概念が、世界からの制約を与える知覚の受動性の内にすでに働いているというものである。経験を心的な領域に生ずる主観的な観念の集合とみなす傾向を、近代哲学から受け継いだ分析哲学者たちにとっては、こうした経験概念の登場は衝撃であった。」（門脇俊介『現代哲学の戦略』岩波書店、二〇〇七年、一九三頁）単純化すれば知性の介入していない感覚は存在しないというのがヘーゲル主義である。

「経験に先行する」という意味で「アプリオリ」（語源的には「初めから」）という言葉があり、「経験に従う」という意味で「アポステリオリ」（語源的には「後から」）という言葉があり、副詞、形容詞、名詞として使われる。経験主義とは、アプリオリの知は存在しないという立場であり、ヘーゲル主義は「すべての知はアプリオリとアポステリオリの合成態である」という立場である。

マクダウェルは自分の基本的な方法を次のように表現している。

カントの本来の思想は、経験的な知識は受容性と自発性の共同作業から帰結するということであった。「自発性」というのは、概念的な能力に巻き込まれているということのたんなる徴（しるし）にすぎない。われわれがこの思想をしっかりつかむことに成功すれば、（受容性か自発性かという）シーソーから降りることができる。受容性は、この共同作業に頭の中で切り離すことのできるような貢献をしているのではない。（John McDowell, *Mind and World*, Cambridge, MA: Harvard University Press, 1994, p. 9. 神崎繁・河田健太郎・荒畑靖宏・村井忠康訳『心と世界』勁草書房、二〇一二年、三三頁、ただし訳文は引用文と一致しない。）

簡単に言えば、自発性と受容性の結合のなかにすべての知が成立する。自発性とは対象に知的な形式を持ち込む力であり、受容性とは感性のことである。人間主体は、知的な形式を対象に押しつけながら、対象から感性的に受容する。これは非常に素朴なカント解釈である。主体の側から知的形式が対象に突き進み、対象の側から主体に感性的な要素が突き進み、これらが結合したところに対象認識が成り立つ。

この論点に関する最適の論文集はニコラス・H・スミス編『マクダウェルを読む』（Nicholas H. Smith ed. *Reading McDowell*, Routledge, 2002）であって、そこに採録されているリチャード・J・バーンスタイン「マクダウェルの飼い慣らされたヘーゲル主義」（Richard Bernstein, McDowell's domesticated Hegelianism）がとてもわかりやすい。

カントはアプリオリの知として、一二個のカテゴリー（純粋悟性概念）と時間・空間（純粋直感）を立てて、感性的所与が時間空間の媒介のもとにカテゴリーに統合されるという形で認識の成立事情を説明した。一二個のカテゴリーは永遠に変わることのない論理学の判断表から割り出され、必然性と普遍性の拠り所と見なされた。

　カントは、そのアプリオリを分析判断と総合判断に区分した。分析判断というのは、同一律に基づいて、主語を分析して述語に提示する。たとえば「おばあさんは年寄りである」、「独身者は結婚していない」等である。分析判断はアプリオリでありうる。総合判断は、主語のうちに含まれていない内容を拡張的に付加する判断で、「三角形の内角の和は二直角である」のように多くの判断は総合的である。問題はアプリオリでありながら総合的であるような判断が成り立たないと学問の裏づけができないということである。カントは自分の哲学をアプリオリ（経験に依存しないで、普遍性と必然性をもつ）の総合判断（主語の分析では得られない述語を拡張的に付加する）の可能性を確立するものと見なした。しかし、経験主義者は、アプリオリの分析判断は成立を認めることができたとしても、アプリオリの総合判断の存在はどうしても認めることができない。

三　アプリオリの知が存在しないことの完全な証明はありうるか

　もしも、アプリオリの知が存在しないことの完全な証明が行なわれたと考えてみよう。まず、

「現在までに真理だと見なされているすべての事実判断・知覚、および未来に生じるすべての真理だと見なされる事実判断・知覚」が証明の対象となるだろう。それについて「いかなる経験にも先行する知は、含まれていない」ということが、立証されなくてはならない。たとえば「私がいま文章を書いているテーブルの上には、ガラスのコップがあり、コップの表面には赤い三角形がプリントされている」という文章を、私が自分の知覚内容として述べたとしよう。「……の上に器がある」「円筒形の表面の三角形」「赤」などがすべて私の過去の経験の記憶に由来することが証明されると仮定しよう。しかし、「アプリオリの知」のなかに、私の遺伝子が過去の人類の生存から運んできた知の原型が含まれているとすると、その「知」がどのように表現されるかは、ただちにはわからないから、存在証明も非存在証明もできない。しかも、そのような証明が将来の私の心に発生するすべての知覚経験についても、成り立つことをどうやって証明したらいいのだろう。アプリオリの知が存在しないこととの完全な証明はアポステリオリな証明でなくてはならない。しかし、すべての知に関するアポステリオリの証明がそもそも可能であるということは言えないだろう。だから、アプリオリの知が存在しないこととの完全な証明（アプリオリの証明）はありえない。

カントのアプリオリ論に対する批判で、代表的なものは「アプリオリの総合判断は存在しない」という反論である。カントは「アプリオリの総合判断が存在する」理由として、算術、幾何学の定理が総合判断である、論理学の判断の分類表は永久不変であるなどの証拠を示したが、十九世紀から二十世紀の論理学研究によって、カントの出した証拠は成立しないことが明らかになった。「算術、幾何学、論理学の定理は、アプリオリの総合判断であって、永久不変の真理である」という論拠が崩れて、それらは分析判断であることが明らかになった。問題の中心は、分析判断がどうして成り立つかという点に移った。

現代の論争点を掘り下げると「アプリオリの知は、すべての経験に先行する永久不変の真理である」という点に間違いがあり、「その都度の経験に先行する一定の形式が経験を可能にする」という自然的アプリオリ概念が経験を説明するのに有効だという説が、もっとも正しいだろう。しかも、カントもヘーゲルも認めていなかった生物学的な先天性が経験の成立に関与していることが大規模な形で明らかになると、アプリオリ概念を全廃しようとする経験主義は根本から間違っていたということになる。「人間は五万個の生得的概念（アプリオリ）をもって生まれてくる」というフォーダーの学説（J. A. Fodor ed. *Representations*, Cambridge, Mass: MIT Press, 1981）も重要である。

四　ソシュールからアガンベンへ、アプリオリの復権

ジョルジョ・アガンベン（Giorgio Agamben）とアラン・バディウ（Alain Badiou）を「ポスト－マルクス主義」に分類している本（John Lechte, *Fifty Key Contemporary Thinkers*, Routledge, 2008）があって「俺もそうか」と思わず苦笑した。この二人のどちらが有名かというと、日本では圧倒的にアガンベンだが、ムラーキとロード編『大陸哲学入門』（John Mullakey & Beth Lord ed. *The Continuum Companion to Continental Philosophy*, Continuum, 2009）の索引の頁数を点数とすると、アガンベン一〇点、バディウ六七点だ。ついでに言うとドゥルーズ八九点、デリダ八八点、カント七八点、ハイデガー七二点、ニーチェ六八点、フッサール五四点、ヘーゲル四七点、マルクス四三点、フーコー三七点である。

アガンベンは、カント、ソシュール、チョムスキーを吸収した地点から、現代哲学の課題が言語というアプリオリの復権であるということを告げている。

現代思想の最もさし迫った任務のひとつは、たしかに、超越論的なものの概念を言語活動との

関係において定義しなおすことである。……今日では、「超越論的」とは、ただ言語活動のみにささえられた経験、そこにおいて経験されるのが言語自身であるような、言葉の本来の意味においての〈言語活動の経験〉（experimentum linguae）をこそ、指すのでなければならない。……カントの思考の動きを注意深く追ってさえいけば、純粋理性の実験が〈言語活動の経験〉以外のものではありえないことが判明する。（アガンベン『幼児期と歴史』上村忠男訳、岩波書店、二〇〇七年、四頁）

「感覚与件」という経験主義の大前提を否定したマクダウェル、ブランダムとほぼ共通の地点にアガンベンは立っている。それはカントのアプリオリ概念を「あらゆる経験に先立つ永遠の真理」として復権するのではなくて、「その都度の経験に先行する言語形式」として復権するという道である。

これに対してバディウの方法論は一見するとまったく別の文脈を形作っているように見える。センス・データ（感覚与件）の想定を否定するという点では、本論であつかったマクダウェルなどとほとんど同じ姿勢をとっている。彼がカントについて論じた文章を引用してみよう。

カントは経験における表象（representation）の単位（統合）を表わす（represent）ものを「対象」

と呼んでいる。「対象」という言葉が受容性（直感における私への所与となるなにものか）と構成的自発性（自我がこの所与を普遍的価値をもつ主観的操作子を用いて構成する、主観的操作子はともに超越的なものをなしている）との遭遇の特殊的な現出を表わしていることは明らかである。私自身の把握では、受容も構成も存在しない。なぜなら超越的なものは――純粋な多様以上でも以下でもない――存在の内在的な規定だからである。（Alain, *Logics of Worlds*, translated by Alberto Toscano, Continuum, 2009, p. 231）

用語の取り扱いの細かな違いはあるが、マクダウェルが「自発性と受容性の結合」と述べたのと、ほとんど同じ構図で「対象」の概念を組み立てていることがわかる。バディウのヘーゲル論（前掲書 pp. 141-152. なお、Christopher Norris, *Badiou's Being and Events*, Continuum, 2009 は、バディウの主著の注釈書で p. 144 にヘーゲル論がある）を理解するうえでも、右のカントに関する引用は重要な鍵を提供している。セラーズ、マクダウェル、ブランダム、アガンベン、バディウの哲学が、すべて一つの共通のカント―ヘーゲル的存在論の上に立っている。彼らは英米哲学と大陸哲学という仕切りを取り払って、哲学の根本問題を正面から問う姿勢を見せている。そこには哲学そのものを哲学の根本問題に立ち返らせようとする情熱が感じられる。

人間の行動と知性の基本的な形式が遺伝的に決定されているなら、伝統的な「アプリオリ」概念を復活させても、それを発展させていく余地はあるだろう。

しかし、伝統的な哲学が「知性は身体から離存して働くことができる」という概念、つまり観念論を捨てるという側面が、アプリオリの概念そのものを伝統的なままに残すことを許さないだろう。西洋哲学全体としての心身問題の成りゆきの大筋をたどって見ることにしよう。

第8章　心身論史──「離存」問題の跡をたどって

アリストテレスが、意識の存在について、能動と受動という区別を導入して以来、身体に依存しない「離存」知性、能動知性、志向性、感情移入、投入、因果などなどにかかわる議論が今日にいたるまで展開されてきている。

唯物論者なら、「離存」知性と能動知性は、アリストテレスのプラトン批判の不徹底さを表わしているという評価を下すであろう。「半唯物論」という評価をアリストテレスに下す人もいる。しかし、この不徹底さが、西洋思想の精神論史の全体を貫く重要なモチーフと結びついている。まず能動と受動が、形相と質料に対応している。形相的能動性と質料的受動性が、理性と感性という枠組みを生み出していく。

カントの場合には、形相的能動性は自発性であり、自律の根拠であるが、質料的な受動性は、他律の根拠となっている。

カント以後の英米哲学の動向は、カントの「アプリオリの総合判断」という概念を否定（カルナップ）し、さらには「アプリオリ」の概念を否定（クワイン）し、さらには「純粋形式」という概念を否定する（デヴィッドソン）という方向づけで一貫しているが、志向性と因果という関係を意識論に持ち込んでいるという点では、カントの枠組みを否定しても、全体としてはアリストテレスの枠組みから完全に離れてはいない。たとえば「ジョーンズは『雨が降っている』と信じている」というような「命題的態度」（propositional attitude）は「非物質的状態」（immaterial state）だと主張する議論には、「離存」知性と能動知性の論点の痕跡がまだ残っている。「離存の否定（唯物論）が、因果の肯定（決定論）を含意する」という判断に含まれる過ちが、不毛な論争の渦をひろげている。「離存の否定が、因果の肯定を含意しない」というデヴィッドソンの立場が、基本的に正しい。

現代では、離存の否定（自然主義、唯物論）の傾向が強く、「心脳同一説」も語られているが、科学主義の側から意識をとらえた場合、ただちに「心はすべての身体の動きに還元される」という還元主義の成功が告げられるかどうかという問題がある。視覚の場合の電磁波の伝達、聴覚の場合の空気の疎密波の伝達、触覚の場合の物理的抵抗の特性の伝達、味覚・嗅覚の場合の化学物質の伝達という、外から内への自然的な因果性のほかに、意識に固有の因果性・志向性・移入・投入などの作用が存在するのか。それらの作用は、脳、神経などの生理的な伝達についての、通俗心理学的な説明の生み出した虚構ではないのか。「意識内容と意識媒体のあいだに因果性が成立すると言いうる条件は何か」という問題意識が欠落したままの議論が多い。

意識についての合理的な説明には、自然的存在には還元不可能であるが、人間相互の間で伝達可能なものが存在する。私が医師に「お腹が痛い」と告げたとき、その趣旨が伝達可能であることは、その「痛み」が生理的過程に還元可能であるかどうかという問題とは無関係である。医師が私の訴えを理解する可能性は、感情移入、投入、類比などによって説明されるだろう。意識についての哲学的な議論の可能性も「お腹が痛い」が伝達可能であるという人間の事実に依拠している。通俗心理学（folk psychology）(注)による説明を、必ずしも間違いだとは言えない理由は、このような伝達の可能性によるのだろう。「以心伝心」、「同情」、「憎しみ」、「恥じらい」などの言葉が、普通に使われるのも、この通俗心理学な場面で、高度の伝達の可能性が発達しているからである。

一　魂は物体よりも先にあった——プラトン

西欧の哲学的伝統には、「情念は受動的である」（passions are passive）というドグマがあるが、このドグマはプラトンにはなかったようだ。プラトンには、「魂の支配的部分」という概念があり、『国家』や『ティマイオス』の「理知的部分、気概的部分、欲望的部分」という魂の三分説が有名である。

プラトンの魂の三区分に、理知に王・司祭・官僚、気概に軍人、欲望に農民・商工業者をあてはめるという身分制度の正当化は、その痕跡をヘーゲルの『法の哲学』（一八二〇年）にまで影響を及ぼしている。ヘーゲルは精神の諸段階が社会の身分に対応するという概念枠そのものは認めてはいるのだが、「どの身分でもない身分」という市民階級が登場してくることを認識していた。

魂は、天や地や海にあるものすべてを、自分自身のもつ運動によって導いているが、それらの運動には意欲、考察、配慮、計画、正誤の判断、喜びや悲しみ、大胆や恐怖、憎しみや愛という名がつけられている。この運動は「第一次的な運動」といわれ、物体のもつ「第二次的な運動」を支配において、万物を導く。（『法律』896E）

プラトンのこの言い方の前提になっているのは「魂は物体よりも先にあった」ということである。この前提からすれば、「魂は本来的に離存（身体と無関係に存在）している。魂は、すべて能動的である」という含意になるだろう。

プラトンに代わってアリストテレスが登場しても、それによってプラトンの影響が消えてしまうのではない。プラトンの上に重ね描きするようにしてアリストテレスの哲学が影響を及ぼす。「身体に依存し、受動的である魂」という概念は、プラトン主義の枠組みからは出てこない。身体に関わるエロースから、「美そのもの」に到達するエロースに到達するプラトン的な精神現象学には、受動から能動への転換点・中断点は存在しない。(加藤尚武「美の起源」、栗原隆他編『空間と形に感応する身体』東北大学出版会、二〇一〇年、参照)

二　「パトス＝情熱」以前

ギリシア語の「パトス」の意味が、近代語の「情念」と直接的に重なり合うものでないことに関しては、中畑正志『魂の変容』(岩波書店、二〇一一年)に重要な指摘がある。

感情を表わすギリシア語として思い浮かぶのは「パトス」である。この言葉は、のちにたしかに、感情という意味を獲得するが、そのことがはっきりするのはアリストテレス以後である。そもそも「パトス」という言葉の歴史は、案外に新しく、前五世紀になってはじめて登場する

（つまりホメロスやヘシオドスの作品には現われない）。……「パトス」の意味は、感情よりもかなり広い範囲の経験を指すと考えるべきだろう。「パトス」がプラトン以前に感情の意味で用いられた例を確認することはできない。（一〇〇頁）

「パトス」という言葉の意味で、「感情」と必ずしも重なり合わない意味については、廣川洋一『古代感情論』（岩波書店、二〇〇〇年）に詳細な記述がある。

この語〔パトス〕はしかしプラトンにおいてもそうであったように、『形而上学』のいわゆる哲学用語辞典ともいうべき箇所にのせられた説明にあるとおりの広い意義をになうものであった。先人たちのパトスの用法を区分してアリストテレスはつぎのように述べている。

（1）それによってある事物に変化が生じるところのその事物の性質。白さ、黒さ、甘さ、辛さ、重さ、軽さなど。
（2）こうした諸性質の現実態、現にそのような性質に変化していること。
（3）これらのうちでもとくに有害な変化や運動。そのうちでも最も苦痛な害悪、悩み。
（4）不幸や苦痛のうちの大なるもの、受難。（『形而上学』5.21.1022b15-21）（八三頁）

「パトス」は、ある性質・状態を表わす言葉であるが、出隆訳『形而上学』には「受動態」、「受態」、「様態」、「属性」、「限定」という訳語もあると注記されている。「それによってある事物に変化が生じるところのその事物の性質」という表現には、「原因」という意味が含まれているだろう。「白さ、黒さ、甘さ、辛さ、重さ、軽さ」が、「変化」と結びつく例は、なかなか思いつきにくい。廣川は「甘さは味覚において何らかの受動の結果をつくり出す」（同前、八四頁）と説明している。ここには原因としての甘さと結果としての甘さが存在するわけで、「甘さ」でない原因から「甘さ」という結果が出てくるのではない。物質的原因としての甘さが、意識的な結果としての甘さを引き起こすと考えれば、話はわかりやすいが、そうなると物質的原因としての甘さを「パトス」と呼ぶ理由がなくなる。舌先で感じられた甘さが、脳のなかに甘さとして刻印されるという解釈も、パトスを原因と結果とにはっきりと二分しているという点で、デカルトならいざ知らず、アリストテレスのテキストでは不自然な感じがする。

能動が受動に転化し、その両方の性質をもったままの状態を、その受動面からみたとき「パトス」という性質が成り立っているという解釈が可能ではないだろうか。

廣川は、関連する重要な引用を『カテゴリアイ』（範疇論）から採っている。

（1）（a）出生にさいしてただちに何らかの働きを「受動したこと」に起因するものが見ら

れる場合、それらは〔魂の〕性質と呼ばれる（例えば狂気的没我性、激情性）。なぜならそれらにもとづいて、人びとは「どのようであるか」が語られるから。例、激情的な人、狂信的な人。（b）その没我性が生来のものでなく、むしろある種の他の事態によって生じたものであっても、それを取り除くことが困難あるいは不能の場合も、それらは〔魂の〕性質と呼ばれる。なぜならそれらに基づき、人びとは「どのようであるか」が語られるから。

（2）ただちに立ち去るようなものから生じたかぎりの場合、それらは単に〔魂の〕受動態と呼ばれる。なぜなら、そのような何ものかを「受動したこと」において普段よりもいっそう怒りにかられる人を、激情的な〔性質の〕人とは語らず、むしろここに受動したある結果がいま生じている、と語られるから。（8. 9b33-35）

この内容を整理すると次のようになる。

（1）受動的性質（a）後天的固定的激情：外部の原因がなくても激情的な人格

（1）受動的性質（b）後天的習慣的激情：外部の原因がなくても取り除くことが困難な激情的な態度

（2）受動態、後天的一時的激情：外部の原因がなくなれば消滅する激情的状態

こうして「外部の原因がなくなれば消滅する激情的状態」というような類型が、現代にいたるま

での「情熱」などの心情を指示する言葉として使われるようになったと思われる。

魂はそのパトスの大多数のものを身体なしには作り出されたり、作り出したりはしないように見える。例えば怒る、勇む〔大胆である〕、欲望する、一般的に言って、感覚するがそうである。しかし思惟するは特に魂に独特なもののようである。しかしこの思惟するということも或る種の表象であるか、あるいは表象なしにはないものかであるとすれば、これもまた身体がなければあり得ないだろう。（アリストテレス『魂について』1. 1. 403a5-10、中畑正志訳、京都大学学術出版会、二〇〇一年、一〇頁）

こうして「受動態＝パトス＝情念」という枠組みとともに、身体なしには作り出されない意識と、身体から分離され、離存する意識という区別が導入され、「感覚や表象を含まない知性は、離存する」というドグマが作り出される。

プラトンの場合には「魂は物体よりも先にあった」から、当然、身体なしの魂の活動の存在を認めていた。ところが、アリストテレスでは、「魂はそのパトスの大多数のものを身体なしには作り出されたり、作り出したりはしない」という態度をとる。つまり「何か魂だけに固有のものがあるとすれば、魂は身体から分離されることが可能」（同前）と見なされる。

三　知の永遠の起動因

この思惟のなかでも、特別に能動的な思惟があると、アリストテレスは考える。

自然の全体において、一方では何かあるものがそれぞれの類にとっての素材である。それは、可能態においてはその類に属するもののすべてである。他方ではそれとは異なるものが、すべてのものを生み出す。それゆえ原因つまり作用し生み出す能力をそなえたものである。原因となるものは、素材となるものに対して、技術が素材に対するのと同じ関係になる。それと同じように、魂のうちにもそのような原因と素材の区別が成立していることは必然である。実際、一方では、それがすべてのものになるということのゆえに、素材に相当する思惟が存在し、他方では、それがすべてのものに作用し生み出すがゆえに、原因に相当する思惟が存在する。原因に相当する思惟は、ちょうど光に比せられるような意味での、ある種の状態である。というのも、光もまた、ある意味で、可能態にある色に作用して現実活動態にある色にするからであ

る。（アリストテレス『魂について』3. 5. 430a10-18、中畑訳一五四頁）

この文意を、私は直訳的に次のように解釈する。

一、自然の全体において、一方では、それぞれの類にとっての素材は、可能態においてはその類に属するもののすべてである。他方では、原因つまり作用し生み出す能力をそなえたものが、すべてのものを生み出す。

二、技術が素材にはたらきかけるのと同様に、原因は、素材にはたらきかける。

三、魂のうちにも、一方では、それがすべてのものになるということのゆえに、素材に相当する思惟が存在し、他方では、それがすべてのものに作用し生み出すがゆえに、原因に相当する思惟が存在する。

四、原因に相当する思惟は、ちょうど潜在的な赤を感覚される赤として発現させる光のような、ある種の状態である。

この文意は、水地宗明『アリストテレス「デ・アニマ」注解』（晃洋書房、二〇〇二年）では、次のように解明されている。

思考は思考能力が被る一種の変化である。そして一般に、変化が生じるためには、素材的能力的なものと、この素材的なものにはたらきかけるもの（起動因）が必要である。素材が自力で変化することはできない。「すべて生じるものは、何か（起動因）によって、何か（素材）から、何か（ある結果）として生じる」（『形而上学』七七）、「すべて変化とは、何かが何かによって何かへ変化するのである」（同書、一一二三）。したがって、われわれの思考能力が思考するためには、思考を引き起こす原因が必要である。（三三五頁）

いわば眠っている思考能力を目覚めさせ、潜在的な考える力を考える活動に変化させるような原因それ自体も、思考である。

この思惟は、離存し、作用を受けず、混り気なく純粋であり、その本質において現実活動態にある。なぜなら、作用するものは作用を受けるものよりも、また始原〔原理〕は素材よりも、つねに貴いからである。また、現実活動態にある知識は、その対象となる事物・事象と同一である。ただし可能態にある知識は、一個人においては時間の上でより先であるが、全体としては時間の上でさえより先なるものではない。またこの思惟は、あるときに思惟し、あるときには思惟しない、ということはない。（アリストテレス『魂について』3. 5. 430a18-22、中畑訳一五五頁）

水地宗明は『アリストテレス「デ・アニマ」注解』で次のように説明している。

アリストテレスはここで、われわれの知の究極の原因は神の知だ、と言っているようである。というのも、思考させる知性と想像表象だけでは、われわれの思考をまだ十分には説明できないように思えるからである。感覚の場合、外部対象は感覚作用に先立って存在し、作用を引き起こす原因である。一方、われわれが概念や真理を思考する場合には、「対象」は思考作用と同一のものである。例えば「動物」の概念と、これを思考する作用は、同一不可分のものである。なぜなら「動物」の概念は想像表象の内では潜在しているだけで、それが現実化したときには、すでに思考作用に内在するからである。（三三八頁）

ライオンという概念から、ライオンの認識を発現させるのは、私の心のなかで純粋に作用しつづけている「神の知」である。あるいは、ライオン、象、トラなどを「動物」という類に集約して、私の心を「動物学的認識」に引き渡すのも、この「神の知」である。

私が、純粋に思考するとき、私の心のなかで「神の知」が働いている。この思想をそのままキリスト教の文化のなかに移植したとすると、それは神秘主義となってしまう。アリストテレスとキリスト教の間に、プロティノスの思想がはさまったと想定してみよう。プロティノスの神秘主義は、

「わが心のなかの一者を私は全身で感じ取る」と表現できるだろう。キリスト教神秘主義は「わが心のなかのイエスを私は全身で感じ取る」と表現できるだろう。アリストテレスをプロティノスと重ねて解釈する可能性が、水地宗明の解釈に従うなら、アリストテレスのテキスト自体に存在したことになる。

四　アリストテレスからデカルトへ

知性や感覚についてのアリストテレスの学説は、確かにストアの感覚論に、重大な変更を含みつつも、引き継がれてはいる。その対比される点を、廣川洋一『古代感情論』は次のように説明している。

魂は、プラトン、アリストテレスにおいて三つの（理知、気概、欲望）、あるいは二つの（理知的、非理知的）部分に区分された。これに対し、ストア派、少なくともその正統学説においては、いわゆる魂の部分説は廃棄され、人間の行為や心理の説明において、プラトン＝アリストテレス的魂観はその有効性を否定されるにいたっている。彼らストア派の主張では、魂は推理し、欲望し、言語を用いる能力をもつ理性的部分（主導的部分）という一つのものから成り立ち、他のいかなる非理知的部分・要素をもつことはない、のである。理性として統一ある、一なる在り方をもつものとしての魂という把握は、プラトン・アリストテレス的な「葛藤――理性的部分と非理性的部分との――の思考法とは異なる人間理解と、それにもとづく倫理的実践への道を開くことになったと考えられる。（一六六頁）

ストアの感覚論については、カントのリゴリズム（善悪の中間不在説）の原型になった考え方もその特質として廣川によって指摘されている。

徳と悪徳の中間にはなにも存在しない。……したがって、まだ不完全である間は、劣悪であり、完成されたとき初めて徳ある人となる。（Stobaeus Eclogae physicae 2. 65. 7＝SVF1. 566）（同前、一九五頁の引用文）

徳と悪徳との間には中間的な状態はなにもない。というのも、杖は真直ぐであるか曲っているかのどちらかでなければならないが、それと同様に、人間も正しいか不正であるかのどちらかでなければならないし、また、より正しいとか、より不正であるとかいうこともないのであって、この点は他の徳についても同様である。（Diogenes Laertius 7. 127=SVF3. 536）（同前、一九五頁の引用文）

デカルトはその『情念論』（一六四九年）で、部分説の否定をすることで、アリストテレスと直接に対決している。デカルトはキリスト教的ストア主義のギヨーム・デュ・ヴェールを読んでいたそうだが、ストア思想を介してアリストテレスを理解したのではない。

感覚的とよばれる精神の下位の部分と、理性的である上位の部分の間、ないしは自然的欲求と意志の間にあると、ふつう想像されている闘いのすべては、ただ、身体がその精気、精神がその意志によって、同時に腺のなかに引き起こそうとする運動間の対立にある。というのも、わたしたちのうちにはただ一つの精神しかなく、この精神はみずからのうちに部分の相違をまったくもたないから。（デカルト『情念論』谷川多佳子訳、岩波文庫、二〇〇八年、四四頁）

プラトン、アリストテレスなら「わたしたちのうちには二つの精神がある。一つは支配する精神であり、他は支配される精神である」と言うことができた。精神は、階級社会なのだ。デカルトは

「わたしたちのうちにはただ一つの精神しかない」という。デカルトの精神は平等社会なのだ。
デカルトは部分説を否定したという点でストア主義に近いが、しかしストア主義のリゴリスムを採用しなかった。
「欲望については、真なる認識から生じたとき、それが過度でなく、しかもその真なる認識によって統御されていれば、悪いものでありえないことは明白だ。」（同前、一一九頁）
身体に影響されている情念を悪者扱いするというプラトン以来の伝統に対して、デカルトは現代的な常識の立場を確立した。しかし、デカルトの『情念論』は、同時代の人々に理解されるには、あまりにも自然学的な人間の解明に依存していた。たとえばアリストテレスのいう「起動因」には、「精気」（または「動物精気」）を持ち出してきたが、これは現代的な意味では「ホルモン」や「アデノシン三燐酸」と同様のものを想定すれば、意識現象の充分に合理的な説明になるものであるのに、それが理解されるようになると、あまりにも時代遅れの仮説であるかのように誤解された。
「精神において受動（une passion）であるものは、一般に身体において能動（une action）である。」（同前、六頁）
この文章ほど、アリストテレスと対立するものはない。「精神は能動であるが、身体は受動である」というのが、アリストテレスの基本的立場である。この立場は、師のプラトンを批判してもなおかつ、プラトン主義の大枠をアリストテレスが守ったことを示している。「精神が肉体を支配する」という観点を貫いているからだ。デカルト以後のカントもその点ではプラトン主義者である。

デカルトは、情念の起動因が肉体にあって、その情念が松果腺を通過して脳の精神に到達するという運動を想定して、「身体において能動であるものが、精神において受動となる」というイメージを描いている。「肢体の熱と運動とは身体から生じ、思考は精神から生じる。」（同前、七頁）能動と受動とは、純粋に運動の過程の問題として理解されて、「精神が肉体を支配すべきである」という倫理学思想とは縁を切った。

情念の起動因となるものは「動物精気」である。「血液のきわめて微細な部分が動物精気をつくる。そのためには、脳内で何の変化も受ける必要はなく、ただそこで血液中のそれほど微細でない他の部分から分離されればよい。ここでわたしが精気と名づけるものは物体でしかなく、微小で敏速に動く物体であるという以外、何の特性も持たない。精気はいかなる場所にも止まらず、ある精気が脳室に入るにつれて、別の精気が脳実質の内部の孔を通って出ていく。」（同前、一三頁）

デカルトは、望遠鏡と顕微鏡に挟まれた時代に生きた。望遠鏡は、ガリレオ・ガリレイによって、天体と地上物体の同一性という前提をもたらしてアリストテレス自然学の大前提を破壊した。顕微鏡は、その光学的な原理は望遠鏡と同時に発表されていたが、それが実用化されるのは、デカルト以降である。ライプニッツの時代には、顕微鏡観察のブームが起こっており、すべての物質を拡大して観察すれば、そこに生命が見られるかもしれないという汎生命説を呼び起こした。デカルトは、自分の主張する「動物精気」も「松果腺」も、顕微鏡で観察し、その存在を証明しようとは考えなかった。

「精神の情念〔受動〕の、直前の最も近い原因は、精気が脳の中心にある小さな腺を動かすその動揺にほかならない。」（同前、五一頁）

生理的な変化に対するデカルトの説明は、すべて物体の近接作用で行なわれる。「ある精気が脳室に入るにつれて、別の精気が脳実質の内部の孔を通って出ていく」というような移動ですべての運動が説明される。そして「化学反応」という概念はなく、現代で化学反応と見なされている変化は、プラトンと同様におおむね「混合」とか「分離」とかで説明されている。しかし、物質の質的な変化が、まったく無視されていたわけではなく、変質を説明に組み込んでいるところもある。

情念のあり方を、ありのままに考察して、その情念への対処の仕方を述べることによって、デカルトは倫理学を人間的なものにした。

「わたしたちの情念も、意志の作用によって直接的に引き起こしたり取り去ったりはできない。持とうと意志する情念に習慣的に結びついているものを表象したり、斥けようと意志する情念と相容れないものを表象することで、間接的に、引き起こしたり取り去ったりできるのだ。」（同前、四二頁）

われわれは情念を自由に支配することはできない。情念をなだめたり、すかしたり、まるで自分自身のなかに、わがままな別人がいるかのように間接的に対処しなくてはならない。

「危険が大きくないとか、逃げるよりも防ぐほうがつねに安全であるとか、勝てば誇りと喜びを得るだろうが逃げれば心残りと恥しか残らないとか、そう得心させる理由、対象、実例を、懸命に考える必要がある。」（同前、四三頁）

逃げるか、闘うかという決断をした経験のある兵士デカルトの姿が浮かんでくる。「胆力」、「勇気」、「度胸」を鍛えることができると、デカルトだけでなく多くの哲学者が語っている。

「精神がその情念を完全には支配できない理由は何か。情念はほぼすべて、心臓のうちに、したがってまた血液全体と精気のうちに、なんらかの興奮の生起をともなっており、そのために、その興奮がやむまで情念はわたしたちの思考に現前しつづける。」（同前、四三頁）

厳格な禁欲主義が無益であることを、デカルトは正しく説明している。情念を飼い慣らす必要をデカルトは語っているので、情念の修練の必要も、犬の調教の例まで出して述べている。「怒りを抑える」のは、どうしたらできるかという話題は、古今東西、あらゆる哲学書のなかで頻度がたかい。

五　理性は能動的（自発的）で自律の原理、感性は受動的で他律の原理

カントはストア主義とは違った視点で、ストアのリゴリズムを復活させた。

道徳法則による意志の決定のすべてについて、その本質をなすのは、意志が自由な意志であるなら、感性的衝動をいっしょにはたらかせることはなく、さらにみずからあらゆる感性的衝動を拒絶し、また傾向性〔性向〕がその法則に反対しかねないかぎりでそれらすべてを断ち切り、もっぱら法則を通じてのみ決定される、ということにある。（カント『実践理性批判』、坂部恵・伊古田理訳『カント全集　第七巻』岩波書店、二〇〇〇年、二二八頁）

カントによれば理性（道徳法則）によって自分の意志を規定することが、唯一の可能な自由なのである。人間の感性は、外部の自然の支配から自由になることができない。だから理性だけが、人間に真の自発性をもたらす。

われわれの認識は心性の二つの根本源泉から生ずる。その第一のものは、諸表象を受容すること(印象の受容性)であり、その第二のものは、これらの表象によって対象を認識する能力(概念の自発性)である。前者によってわれわれに対象が与えられ、後者によってこの対象があの表象への関係において(心性の単なる規定として)思惟される。(カント『純粋理性批判』、有福孝岳訳『カント全集 第四巻』岩波書店、二〇〇一年、一二九頁)

せっかくデカルトが、アリストテレスの枠組みを壊しておいてくれたのに、カントは受容性と自発性というかたちで、アリストテレスの枠組みを復活させ、自然的な情念を再び悪者扱いする。カントにならって「理性は能動的(自発的)、感性は受動的」という思想を主張したのは山本信「理性について」(一九五八年)である。山本信には「アナクロニズムと評されることを覚悟の上で、敢えて言う」という態度が見られる。

理性とは自発性を意味する。一定の完結した環境世界に適応し、その内部にはまり込んで生活してゆくのではなく、無限定的に開かれた世界において、自発的にはたらいて自己と対象とを形成してゆくこと、ここに人間を他のすべての動物から本質的に区別する特性が存するのであった。この本質的な相違が、かの人間の定義における「理性的」という種差によって表現されるものにほかならない。（山本信『形而上学の可能性』東京大学出版会、一九七七年、一五三頁）

山本が下敷きにしているのは、ゲーレンの人間学（A. Gehlen: Der Mensch. Seine Natur und seine Stellung in der Welt. 4. Aufl. 1950）である。人間が、他の動物と違うのは、環境に埋没しないで、自由に環境から離脱する「脱中心性」をもっているという指摘をゲーレンはしている。この脱中心性という概念も、元をただすとプラトンの『プロタゴラス』にまで遡る。（加藤尚武『教育の倫理学』丸善、二〇〇六年、第四話「人間弱者論の系譜」、参照）

この「理性は自発性である」という思想は、「感性は、身体性に支配される受動性である」という「情念受動説」（passion = passive）と直結している。背後にあるのは「人間の理性こそ身体からの自由をもつ。理性には、身体を離れて存在可能な何か（離存知性）が帰属している。その離存実体は、物質性に還元され得ない霊的な存在であり、神との連携が可能になる場である」という思想である。

ゲーレンの脱中心性という概念が、広い意味でのプラトン主義につながる道を開くものであり、そこからキリスト教の現代における復権をはかるための伏線であることは確かである。（加藤尚武「ヘーゲルの屋台骨にヴィトゲンシュタインの扉をつける」、佐藤徹郎・雨宮民雄・佐々木能章・黒崎政男・森一郎編『形而上学の可

能性を求めて――山本信の哲学』工作舍、二〇一二年、一七三―一八四頁、参照）

離存知性について、アリストテレスは「この知性は、離存し、作用を受けず、混じり合うことなく、純粋であり、その本質において活動状態にある」（『魂について』430a17）と述べている。

このドグマが根拠をもたないことは、ヒュームが「理性は欲望の奴隷だ」（『人性論』二―三―三）と逆転して見せたとき、明確に感じ取っていたが、現代までの情念論を、厳密に吟味して、この誤ったドグマを撤回させるには、根本的な方法論的吟味が必要である。フッサールによって著名になった「志向性」の概念は、「理性は能動的、感覚は受動的」というドグマを無効にするという点では、「理性も感覚も能動的」という論点を示して、おおきな影響力を発揮したが、「志向性」という能動性を意識の基礎的な構造として設定する根拠を示してはいない。ハイデガーの Befindlichkeit（情態性）は、感情・気分の存在論的な規定として、余計なドグマを含まないという優れた点をもっている。

六　観測と理解

アリストテレスの言う「離存する」知性が存在するか。それとも「意識の働き」はすべて脳に依存するか。「離存する」知性の存在を認めたアリストテレスのプラトン批判は不徹底に終わらざるをえなかった。デカルトは、心身分離によって、「離存する」知性の存在を救った。カントは、二世界説という枠組みで、デカルト主義を守った。カント以後、「自己関係する意識は、身体に依存しない」という立場を、フィヒテ、ヘーゲルは守った。シェリングは、精神が身体と一体であることを明確に認めた。

心理学とよばれる学問は心身という仮定された対立に基づいている。そして全然存在せぬあるもの、すなわち肉体に対立する心についての探究に於いて、何が一体出てくるかは、容易に判断されるところである。人間についての真の学問は、すべて心と肉体との本質的絶対的統一、すなわち人間の理念のうちにのみ求められるのであって、したがって結局、そういう統一の

〔すなわち理念の〕単に相対的な現象にすぎぬような経験的現実的人間のうちには求められないのである。（シェリング『学問論』初版一八〇三年、勝田守一訳、岩波文庫、一九九七年、八四―八五頁）

なぜ従来の心理学が「心と肉体との本質的絶対的統一」を認めなかったかと言えば、「心と身体が一体のものであれば、身体が心を支配するので、人間の自由が成り立たなくなる」と考えられたからだった。そこで「感覚という低次の心は身体と結合しているが、理性という高次の心は身体から離存している」というアリストテレスの説明が、好都合だった。シェリングのように低次の心も高次の心も、身体と一体であるとすると、その一体性という条件のなかで、どうして人間の自由が可能になるのかが問題になる。そのためにシェリングは『人間の自由の本質』（略称『自由論』初版一八〇九年）を書かなければならなかった。

問題の新しい局面は、一八六一年に切り開かれた。フランス人医師ピエール・ポール・ブローカ（一八二四―一八八〇年）の勤務先のビセートル病院に、ルボルニュという五一歳の男性が入院してきた。ブローカが何を尋ねても、彼は「タン、タン」と二度繰り返すだけなのに、その他の知能はまったく正常であった。彼は入院後わずか数日で死亡、ブローカはその二四時間後に剖検を行ない、左の下前頭回に脳梗塞を見出し、これが彼から言語機能を奪った原因であると考えた。そこで、この領域はブローカの運動性言語野と呼ばれている。ブローカはその患者のしぐさなどを理解し、脳梗塞による病変を観察し、この理解と観察を対応させた。

多くの人は「ルボルニュの心のなかには、感情も記憶も情念も存在したが、運動性言語野が充分に機能していないために、彼は『タン、タン』と発音することしかできなかった」と、この事例を解釈するだろう。それでは言葉の表現を伴うことのない「感情」とは何か。「愛」という言葉をもたない人間にとっての愛とは何か。もっともわかりやすい説明は、言葉は感情の外面的な記号表現であって、日本人にとって「米」、「稲」、「飯」、「ご飯」、「シャリ」が、すべて同一の実体を指示するのと同様に、言葉から独立した愛という感情に、「愛」、「好きという気持ち」、「慕情」、「恋」、「欲」、「関心」、「思い」、「情」という記号表現が対応すると解釈すればいい。この解釈を「同一の感情（実体）に対する多様な記号表現説」と仮に名づけておこう。

友人の名前が思い出せない場合、私の心はその名前に依存しないで、その人を同定している。イメージとしての「山田君」によって同定される人物と、その名前によって同定される人物とは同一である。したがって記憶内容に関して、言語表現に依存しないで同定できるという事実があることは認めてよい。

一九五一年、先端一ミクロン以下のガラス管電極を神経細胞などに挿入して電位差を測定することができるようになった。ペンフィールドが作った大脳の地図はたいへん有名であるが、大脳を電気刺激して言語野などの局在（一定の所にあること）を証明した成果をまとめたものである。一九九〇年代になると、ＭＲＩ（核磁気共鳴装置）が使われるようになり、生きた状態の脳の活動の状況を観察することができるようになった。観測者が被験者に「何が見えますか」と訊くと「赤い丸が見えます」と答える。「赤い丸が見える」という言葉の意味は、「赤い丸がある」と言っても、「日の丸が揚がってる」と言っても、同じだと考えられる。ここでは「赤い丸」に対して、「同一の意識内容（実体）に対する多様な記号表現説」が妥当している。「ＭＲＩの画像に明るい赤い点が見えている」という共通の理解内容が、観測者と被験者の間に成り立つ。その理解が、ＭＲＩ画像上の光という観察と対応づけられる。

心を科学的に明らかにするということは、理解（解釈）と観測を対応づけるという形で進められてきた。その対応それ自体は理解も観測もされない。それぞれが同時的に発生する、一方が止まると他方が止まる等の対応関係から、この理解と観測が同一であるという心脳同一説が導き出されている。この同一性は、通常、「宵の明星と明けの明星は同一の天体である」と言うときと同じ条件で成り立っているか、それとも通常のわれわれが使っている「同一性」の概念とは違っているのか。別の言い方をすると、観測機がもっと発達すれば、この同一性それ自体が観測可能になるのか。

被験者が言う「赤い丸が見えます」という言葉の理解（解釈）とＭＲＩの画像に明るいところが観測されることとは、同一であるが、同一であることが観測されるのではない。理解（解釈）と観測の同一性は、理解（解釈）も観測もされない。

日常生活でも観測と理解（解釈）とが、不可通約的であることは、しばしばドラマティックな場面を生み出す。「顔で笑って心で泣いて」という態度が可能であるのは、この両者が「非法則的」（anomalous）だからである。「嘘」、「裏切り」、「裏芸」、「腹芸」はすべて、観測と理解（解釈）の不可通約性によって成り立つ関係である。

「精神が骨の形に対応している」という判断が、妥当である場合に、「精神は骨だ」という判断が、「観測されている」と思い込む過ちは、すでにヘーゲルによって指摘されている。

被験者が見る「赤い丸」と観測者が見る「ＭＲＩ画像の明るいところ」が同一であるということは、仮説だろうか。それとも比喩だろうか。

現在の段階では仮説にとどまるが、観測機等がもっと発達すれば、この同一性それ自体が観測可能になるという説はありうる。被験者の見る「赤い丸」も、「ＭＲＩの画像の明るいところ」もともに同一の脳の状態から、因果的に発生している。それぞれの因果性が、観測によって確証されるなら、この同一性それ自体が観測可能になるという主張になるだろう。この主張が無限背進になることは確かである。

そこで「同一性は、仮説ではない、比喩である」という解釈がでるだろう。比喩とは「同一でない二つのものを、あたかも同一であるかのように表現すること」である。この説に対しては、「同一でない」ことの証明が可能かという反論が成り立つ。「諏訪盆地は東洋のスイスです」という観光ポスターでは、「東洋のスイス」が現実にありえないことの了解が成り立つと想定されている。「君は私の太陽」、「飛行機は蚊よりも脆く落ちた」（志賀直哉『暗夜行路』）など、恋人＝太陽、飛行機＝蚊という同一性が否定されることが自明だから、比喩としての意味が成り立つ。

観測と了解のように非等質的な系にまたがる同一性が問題となるとき、中世哲学では「超越的術語」という枠を作って処理した。ヘーゲルは、「対立物の同一」という枠にねじ込んだ。どのような観測にとって、観測と理解の非等質性を解消するのか。この問題に答えるような観測の成立する可能性は否定できない。

人間と機械を結合する場合、たとえば事故で腕を失った人に人工の腕をつけて、脳の命令に従って、作業ができるようにする場合、「腕を上げる」という脳から発信された情報は、「腕を上げる」という機械の運動に翻訳される。ここでは医師が「腕を上げてください」と言うと、患者が腕を上げるという理解の過程が、人間と機械との結合関係にコピイされている。身体内のパルスの意味がすべて解読されるならば、同一性が確証されると言うことも可能であろう。このような事例に関して、どのような法則性が成り立つのか。判断の材料が不足している。

七　デイヴィドソンの非法則的一元論

一元論というのは、心脳同一説、唯物論、自然主義などさまざまな言い方があるが、心のはたらきが身体抜きでは成り立たないという主張である。身体抜きで「離存」する知性の存在を否定すると言ってもよい。

「非法則的」というのは、脳の物理的状態を解明すれば、心に思うことが理解できるとか、脳の物理的状態を変更すれば、心のはたらきを支配することができるか言うことはできないという主張である。つまり、人間のこころの自由を自然法則に還元しないということである。

デイヴィドソンは、自分の立場「非法則的一元論」を次のように説明している。

心的出来事と物的出来事の間の関係に関する理論を四つに分類してみることは、状況をより明らかにするのに役立つであろう。そして、そのような分類は、法則についての主張と同一性についての主張が相互に独立であるということを強調することになる。まず、一方において、心理・物理学的法則の存在を主張する人々がおり、またそれを否定する人々がいる。他方において、心的出来事が物的出来事と同一であると主張する人々がおり、またそれを否定する人々がいる。したがって、ここに四つの種類の理論が考えられることになる。まず、法則論的一元論(nomological monism)。これは、心的出来事と物的出来事を結びつける法則が存在すると主張し、かつ、それらの出来事が唯一つのものであると主張する。(唯物論はこのカテゴリーに属する。)次に、さまざまな形態の心身平行説、心身相互作用説、随伴現象説などを包括する法則論的二元論(nomological dualism)。三番目は非法則論的二元論(anomalous dualism)であり、これは、心的なものと物的なものの間の相関関係を述べる法則が一般には存在しないという主張と、存在論的二元論とを結合したものである。(デカルト主義がこれである。)そして最後に、私がここで採用したい立場である非法則論的一元論(anomalous monism)が存在する。(服部裕幸・柴田正良訳『行為と出来事』勁草書房、一九九〇年、二七二頁)

この文章のなかで重要なのは「法則についての主張と同一性についての主張が相互に独立である」(the independence of claims about laws and claims of identity)ということである。これは「決定論か自由か」という議論と「心身同一か心身二元か」という議論が独立だと解釈してよい。

一元論には、唯物論と唯心論とがあるはずなので、デイヴィドソンのこの四形態を書き換えると次のようになる。デイヴィドソンは、唯心論を除外してしまっている。
決定論的唯物論（デモクリトス）
決定論的二元論（心身平行説、心身相互作用説、随伴現象説）
非決定論的唯物論（デイヴィドソン、エピクロス）
非決定論的二元論（デカルト主義、カント主義）

唯物論でありながら、決定論ではないというのが、デイヴィドソンの立場である。ドゥルーズも、バディウも非決定論的唯物論を採り、「唯物論」という言葉を避けて、「自然主義」という言葉を使っている。

この非決定論的唯物論を「証明」するデイヴィドソンの手続きは、「同一性」という概念が、「超越論的術語」であることを無視するという点で、いわゆる分析哲学全体と同一の誤りを犯していることは、残念である。「超越論的術語」というのは、非等質の領域にまたがる（超越する）術語で、「存在」、「同一」が代表的なものである。

われわれがいま議論している心身問題では、一方で、観測者と被験者の間に「赤い点が見えます」というような通俗心理学的な了解の成り立つ場面がある。医師に向かって「お腹がしくしく痛む」というと了解が成り立つ。（こういう解釈場面が非厳密主義的に成立することをデイヴィドソンは的確に捉えている。）他方で、観測者は被験者の脳を観測機に入れて、脳の画像の中の光る点を測定する。この測定は、被験者も行なうことができる。内視鏡の手術を受けながら、その画像を患者が見ているというのは、今日では日常的な経験になっている。ところで心脳の同一性とは、この通俗心理学的な解釈（理解、了解）の場面での「赤い点」と観測の対象となっている脳の画像の中の光る点とが、同一であるという事態である。しかし、同一性は超越論的術語であるから解釈場面での「赤い点」と観測場面での光る点が「同一である」と述べることが許容される。しかし、この同一性それ自体は観測されない。当面は「同一性として扱うことが妥当だ」という程度の同一性である。

デイヴィドソンの説明のなかには基礎的な範疇の処理方法として間違っているものが、数多くある。因果性という概念を用いるときも、不用意に非等質実体間の因果性を認めるという態度で、因果性の記述をしている。これはデカルト、スピノザ、ライプニッツなら避けた誤りである。同一性の仲間にはいる同時性について、「星の衝突と鉛筆の回転の同時性」という例を持ち出して、心身問題の議論の伏線に使っている。「志向性」という概念を「因果性」と重ねて使っている。などのカテゴリー論的な誤りを山ほど積み上げている。

「同一性の存在論小史」とか「リベット問題と人間機械結合論」とかの論文を書いて、非等質関係をデカルト、スピノザ、ライプニッツへの批判的な反省とともに明らかにするという作業が必要であると思う。特定の主題について西洋思想の全体を通覧しつつ、現代的な問題に対処するという姿勢が望まれる。

（注）folk psychology は、土屋俊が「素朴心理学」と訳している概念である。土屋俊『言語哲学コレクション第二巻』（くろしお出版、二〇〇九年）二九四頁に次のような説明がある。「人間の行動を人間の生物学的な構造に還元させ、それによって説明することが可能であると考える立場（「消去主義」〔eliminativism〕と呼ばれる）の哲学者の一部は、素朴心理学は、すくなくとも経験を一般化した知識体系として有意味であると考えたうえで、その科学的妥当性を否定するという戦略をとる。すなわち、そこで使われる信念とか欲求という心的状態は神経科学的な一般化に吸収することが不可能であるゆえに、これらの概念は究極的には無意味となるという観点をとる。しかし他方で、このような概念が、いずれにせよ人間の行動の説明のなかでは最終的に残る必要があると考える立場も可能であり、その場合には、たとえば、そのような心的状態は何らかの言語的な対象に対応するものになることが予想される。」私にとって母国語は日本語だけである。「英語の意味がわかる」と言えるときですら、その理解の内容を日本語でしか表現できない。同様に通俗心理学の内容を「科学的な心理学」に翻訳したとしても、その翻訳の正しさを私は通俗心理学の言葉でしか語れない。それゆえ通俗心理学そのものを消去することは不可能である。

この「素朴心理学」という概念と最近心理学関係の論文に見られる「心の理論」（theory of mind）という概念が関連しあっている。千住淳『社会脳の発達』（東京大学出版会、二〇一二年、二四頁）、苧阪直行編『社会脳科学の展望』（新曜社、二〇一二年、三二頁）、開一夫・長谷川寿一編『ソーシャルブレインズ』（東京大学出版会、二〇〇九年、一三四頁）参照。

あとがき

「世界百科」という会社があって、全従業員が一つのビルで働いていると仮定しよう。従業員のなかの何人かは「哲学者」であるが、彼らはどこにいるだろう。社長室だろうか、企画部プランニング課の部屋だろうか。私は、清掃係の部屋だと思っている。そこにはビル全体のマスター・キイがあって、どこの部屋にでも清掃係は入ることができる。哲学者の仕事は、どこかの部屋の空気のなかに「偏見」とか、「部署内での不文律」とか、その部屋の「伝統」とか、特定の人々の間だけで通用する「ジャーゴン」とかのゴミが出たときに、それを除去するのが仕事である。

現代の文化は、多数の専門家によって支えられている。

あるとき私は、厚生労働省でゲノム解析の予算配分の委員の一人になった。一部屋に八〇人ぐらいの「比較的細かい領域を調べる若い専門家」たちがいて、「貴方のご専門は」とたずねると「イネです」とか「枯草菌です」とか答える。中央には、比較的幅の広い領域の中年の専門家がいて、「貴方のご専門は」とたずねると「ヒトです」とか「鳥類です」とか答える。そのなかに委員長がいて、実名を言うと松原謙一氏だった。中年の専門家が若い専門家の論文をよく読んでいて、「この人は前の論文からみて有望です」というような助言をする。最終的には松原謙一氏は予算額を決定するのだが、若手のなかにその決定に修正を求める意見を出す人もいた。私に判断できることは「凸凹研究室には予算を出すな」とか、「松原先生の命令に従います」とか、偏見、不文律、悪しき伝統、ジャーゴンの現われがないかどうかということだけだった。

生命科学の問題の委員会では、科学者、法律家、宗教家、ジャーナリストなどが参加するが、科学者から見て宗教家の意見は偏見であり、法律家から見て科学者の意見が越権であるというような場面に立ち会ってきた。私が「他者危害原則に基づく自由主義」の立場からの発言しかしないという場面が多かった。「貴方がいけないと思うかどうかではなく、法律で禁止していいかどうかが問題なのです」と、私はしばしば発言した。

ある行為が法律上の違法行為に該当するか、ある研究活動が国家予算の配分を受けるべきかという公共的な決定の場に異なる専門分野が集まるから、その専門分野の間に「隠れた原則」の不一致が生ずる。その「隠れた原則」を明るみに出して、原則と原則の間の調整をするのが哲学者の仕事である。哲学者の仕事の目的は合意形成の合理化である。

世界の文化史のなかで最大の転換は、二十世紀の後半に生じた。一つは、生命観が、一八〇度転換し、生命体が技術的な操作の対象となったことである。もう一つは、自然が本質的に歴史的であることのビッグバン以来の学説の定着である。元素（原子など物質の基礎的な単位）が歴史的に形成され、その過程が科学的に説明可能であるということは、古今東西の存在の記述のなかにない。

生命の操作可能性が拡大したことによって、さまざまな新しい行為の可能性ができあがったが、その行為の違法性をどうして定めるかという問題の決定は、「待ったなし」である。国民には、いかなる行為に関しても、その行為を行なう前に、違法か違法でないかを知る権利と義務がある。この権利と義務を守るには、新しい行為の可能性が生まれるたびごとに新規の法律を制定すれば充分であるが、制定法の考え方よりも、慣習法の考え方をつかって、法律の類推的な解釈の幅を広げて、判例を通じて、行為の領域を法的判断がカバーできるようにするというもう一つの方式もある。わが国の立法体制はヨーロッパの制定法主義と英米の慣習法主義の折衷体制となっているが、新しい行為の可能性に対処するという姿勢には非常に多くの弱点をかかえている。

しかし、この「待ったなし」の要求があるために、生命に関する行為の法的評価は哲学では生命倫理学という特殊分野で行なうことになった。生命の原理に関する検討が、哲学の中心ではなく、末端で行なわれた。そのために哲学の世界は、末端と中心の関係が逆転してしまった。応用倫理学の主題は根源的な問題であり、伝統的な哲学の主題は派生的なものとなってしまった。

埋葬、霊魂の不滅、この世とあの世、来世などの観念の起源は古く、西洋哲学ではオルフィズムの宗教的な伝統が、プラトンにつながったと言われる。肉体が滅んでも霊魂は滅びないという観念は、あらゆる文化のなかにある。プラトンは、この原始的な霊魂観を背景にして、イデア説を作り上げた。イデア説がないと説明に困ることは多い。数学や幾何学ではどうして初めての人でも正しい答えを出せるのか。正義や美には、崇高の感情なしには受け止められないものがあるが、それはなぜか。最高の理想像なしには善についての判断はできないのではないか。

しかし、イデア説、霊魂の不滅を認めれば、肉体を離れた霊魂の働きを認めることになるし、「あの世」、「この世」などさまざまな神話を真理として受け止めることになる。そこで西洋哲学ではプラトン以来の論争が続いてきた。

その歴史の中ほどにカントがいる。プラトン的な神話を離れて、論理学の規則性という合理的な形式から「あらゆる経験に先行する統合の形式」つまり「アプリオリの真理」の存在を説明した。それによってカントは、イギリス人ヒュームの思想を乗り越えようとしたのだが、ヒュームの味方は、カントを逆に攻撃しはじめた。

「アプリオリの真理」が存在しない理由は、人間の心は生まれたときに「白紙」であるからだという主張が有力だった。そして英米の哲学者たちは「アプリオリの総合判断」だけでなく、「アプリオリの形式」もまた、さらに「形式の内容の区別」まで否定しようとする。こうして白紙説を完成させることが、最近百年ほどの英米系の哲学者の目標だった。

ほんとうは「アプリオリの真理」に二つの側面があって、一つは超越的アプリオリであり、もうひとつは自然的アプリオリである。超越的アプリオリには「精神の離存性」という側面が不可分に結びついている。この誤りを否定するために、あらゆるアプリオリ概念を否定する前提をつくるのが、「白紙説」であった。

たしかに白紙説を徹底すれば、あらゆるアプリオリ概念が消滅する。しかし、あの世の存在とか肉体のない霊魂とかを前提する超自然的アプリオリを否定しても、生まれつきの観念形態とか、生まれてすぐに刷り込まれた判断とか、前もって経験から学んだ内容が、次の経験に先立ってその経験を教導すること、つまり自然的アプリオリの存在を認めないと、人間や動物の行動を理解することができなくなる。

たとえばサルの脳に発見された「ミラー・ニューロン」と同じ機能のニューロンが人間にも存在すると認められるなら、「自分に他人がして欲しいことを他人にしてあげなさい」という道徳律は、「ミラー・ニューロン」を経過して発信されていることになるだろう。これまで超自然的なアプリオリで説明されていたことが、これからは自然的アプリオリによって説明されることになる。

白紙説から自然的アプリオリへの転換には、アプリオリ概念の復権という側面と、離存説を否定して自然主義を完成するという側面とがある。白紙説、アプリオリ説、離存説のそれぞれに「一面の真理」がある。

「哲学史は阿呆の画廊ではない」というヘーゲルの言葉は、歴史を形作るべく登場したすべての哲学説には、つねに真理が含まれており、それぞれの一面性を克服して人間の理性は絶対的真理に到達するという意味である。たしかに、「一面の真理」を含まない過去の学説はないかもしれないが、哲学を専門とするのでない学生に哲学史を教える意味はない。哲学史は多くの学説を効率的に学ぶ手段にすぎない。哲学史に「時代精神が映し出される」などと考えるのはやめた方がいい。日本では西洋で哲学史の記述が多くなされた時期（ヘーゲル以後）に西洋哲学を導入したために、哲学教育＝哲学史教育だと思い込んでいる人がいる。哲学教育から哲学史は追放した方がいい。

われわれは立法のための合意形成の必要につねに直面している。たとえば、経済政策の原則は最大の経済成長を達成することであるのか。エネルギーの長期的な供給源から原子力発電を除外すべきか。領土をめぐる軍事紛争に備えて日本の軍備を強化すべきであるか。これらの問題に適切な解答を求めるとすると、必ず複数の専門領域の重なり合いにぶつかる。

たとえば「政府は自然エネルギーの開発に投資すべきか」という問題を分析すると、太陽光パネルなどの技術評価をしなくてはならない。

a　実験室段階―自然科学的評価

b　実用化促進段階―自然科学から社会科学的評価へ

c　市場化促進段階―社会科学的評価

d　自律的市場化段階―社会科学的評価

このような系列は自然科学領域から、社会科学領域へと移行していくだろう。そして、結局は経済的利益そのものを、「何のための豊かさであるか」と問う段階にまですすむ。それは、人文科学の領域になるだろう。一般的には、政策決定には各学問領域が関与する。

自然科学——確実度が高い。局部的で、一部門、一領域の確実性に限られる。

社会科学——「利潤最大」というような一定の仮設のなかでの有効性に限られる。

人文科学——人間の態度そのものを問題にするが、確実性が低い。

合意形成の理想的な予行演習をすることが、哲学教育の内容でなくてはならない。人間とはなにかという、従来の人文科学では確実度の低かった領域に、自然的なアプリオリのデータを導入することで、その確実度を高めることが今後、期待される方向である。

二〇一二年八月一日　　加藤尚武

〔追記〕私の最初の著作『ヘーゲル哲学の形成と原理』（未來社、一九八〇年）から、約三十年たった。ヘーゲルとマルクスの関係を見極めることが、私の願いであった。生きているうちに、自分が到達した結論を示すべきであると考えて、未來社社長、西谷能英氏に本書の出版をお願いしたところ、快く承諾してくださった。編集の高橋浩貴氏は、誠実に、しかも効率的に作業をしてくださった。心からの感謝の気持ちを記させていただく。

初出一覧

なお、本書で引用された文章は、特に断っていない場合でも、引用の出典に示された文章と必ずしも一致しない。西洋の古典学には標準となる版の巻・章・節数で出典を表示する習慣がある。書物を同定するために特定の年に刊行された、特定の版に依存する必要はない。インターネットで読める古典のテキストが非常に増えてきているが、ページ数の表記はまちまちである。標準となる版の巻・章・節数で示すことが合理的であるから、なるべく、その方式を尊重することにした。

序文：書き下ろし

第1章：「応用倫理学の根源性」、広島大学応用倫理学プロジェクト研究センター「ぷらくてしす」8号（2007年3月1日発行）、1-10頁の前半部分

第2章：「キケローからミルへ」、京都大学文学部倫理学研究室「実践哲学研究」2000年、および「応用倫理学の根源性」、「ぷらくてしす」8号、1-10頁の後半部分

第3章：「哲学とその境界――応用倫理学の根源性」、『岩波講座　哲学15』岩波書店、2009年7月30日発行、267-193頁の前半部分

第4章：「哲学とその境界――応用倫理学の根源性」、『岩波講座　哲学15』267-193頁の後半部分

第5章：講演「ヘーゲルとマルクス」、早稲田大学国際教養学部主催、60年安保50周年記念講演会、2010年6月15日、早稲田大学大隈小講堂

第6章：「ヘーゲル体系論の四つのモチーフ」、久保陽一編『ヘーゲル体系の見直し』理想社、2010年、Christoph Jamme, Yohichi Kubo hrsg. LOGIK UND RELITÄT, Wilhelm Fink 2012

第7章：「アメリカに登場したヘーゲル主義」、「未来」2010年5月号（No. 524）、未來社

第8章：「情念論小史――心身問題を中心にして」、栗原隆編著『世界の感覚と生の気分』ナカニシヤ出版、2012年

加藤尚武（かとう・ひさたけ）
1937年生。哲学者、京都大学名誉教授、人間総合科学大学客員教授。著書に『ヘーゲル哲学の形成と原理——理念的なものと経験的なものの交差』（1980年、山崎賞）『バイオエシックスとは何か』（1986年）『哲学の使命——ヘーゲル哲学の精神と世界』（1992年、和辻哲郎文化賞）『二十一世紀のエチカ——応用倫理学のすすめ』（1993年、以上、未來社）『現代倫理学入門』（1997年、講談社）『脳死・クローン・遺伝子治療——バイオエシックスの練習問題』（1999年、PHP研究所）『戦争倫理学』（2003年、筑摩書房）『新・環境倫理学のすすめ』（2005年、丸善）『災害論——安全性工学への疑問』（2011年、世界思想社）ほか、共訳書にヘーゲル『懐疑主義と哲学との関係』（1991年、未來社）、シューメーカー『愛と正義の構造——倫理の人間学的基盤』（2001年、晃洋書房）ほか多数。

哲学原理の転換——白紙論から自然的アプリオリ論へ

発行————二〇一二年十月二十五日　初版第一刷発行

定価————（本体二二〇〇円＋税）

著　者——加藤尚武

発行者——西谷能英

発行所——株式会社　未來社
〒112-0002 東京都文京区小石川三—七—二
電話〇三—三八一四—五五二一
http://www.miraisha.co.jp/
Email: info@miraisha.co.jp
振替〇〇一七〇—三—八七三八五

印刷・製本——萩原印刷

ISBN 978-4-624-01188-8 C0010

（消費税別）

加藤尚武著
二十一世紀のエチカ
〔応用倫理学のすすめ〕先端医療における生命の質と尊厳を問い、地球環境の危機への人類の対処を模索する。来たるべき世紀の倫理を見つめ、新たな「学」の誕生を告知する書。　一八〇〇円

加藤尚武著
哲学の使命
〔ヘーゲル哲学の精神と世界〕ヘーゲルとともに、近代をめぐるさまざまなアポリアを抉り出し、今日の哲学の使命である新たな「知識の見取図」を構想する、加藤哲学会心の達成。　三二〇〇円

加藤尚武著
バイオエシックスとは何か
従来の倫理学では判断のつかないさまざまな医学の状況に責任をもって対処しうる倫理学とは何か。臓器移植、死の判定、生み分けなどを明解に論じる、「生命倫理学」の先駆的著作。一五〇〇円

加藤尚武著
ヘーゲル哲学の形成と原理
〔理念的なものと経験的なものの交差〕ヘーゲルを「経験の哲学者」としてとらえ、従来のヘーゲル像を一八〇度転回させることによって概念を明確にし、その哲学を具体化する労作。三二〇〇円

ヘーゲル著／加藤・奥谷・門倉・栗原訳
懐疑主義と哲学との関係
「懐疑主義論文」として有名な標題論文をはじめ、同時代の哲学的傾向へのポレミカルな批評的論文三篇を訳出・収録。完璧な訳注を付し、難解なヘーゲル哲学論文を蘇生させる。　二八〇〇円